**모두를 살리는
농사를 생각한다**

모두를 살리는

농사를 생각한다

17인의 농민이 말하는
기후위기 시대의 농사

녹색연합 지음

목수책방
木水冊房

차례

06 **서문** 기후 위기 시대, 농민과 손잡고 나아가기
11 **들어가는 글** 농민, 기후 위기의 피해자인가 가해자인가, 혹은 해결사인가?

1부. 기후 위기, 어떻게 느끼고 있나

과수
24 사과 × 충남 예산군 · 임춘근
34 포도 × 경북 상주시 · 박종관
44 복숭아 × 충북 제천시 · 윤태일
54 감귤 × 제주 제주시 · 강순희

축산
68 유제품 × 충남 홍성군 · 신준수
78 한우 × 전북 완주군 · 박일진
88 돼지 × 충북 증평군 · 연명석
98 꿀 × 경기 파주시 · 박명준

시설

110 수박 × 전북 고창군 · 송민선
120 딸기 스마트 팜 × 경북 상주시 · 박홍희
130 왕우렁이·깻잎 × 전남 곡성군 · 박경환
140 쌈채소 × 경기 남양주시 · 이광재

노지·기타

152 양파·대파 × 충남 홍성군 · 곽현정
164 쌀 × 전북 고창군 · 이승용
176 고추·생강·쌀 × 경북 상주시 · 김정열
186 채소 × 충북 괴산군 · 김진민
196 쌀 × 전남 곡성군 · 김현인

2부. 기후 위기와 농사, 무엇이 문제인가

208 **대담** : 기후 위기 앞에 무덤덤한 농민, 농업 현장은 늘 위기였다
224 **정책 진단** : 2050 농식품 탄소 중립 추진 전략의 한계와 문제점

235 **나가는 글**   그들은 거기에 살고 있다

서문

**기후 위기 시대,
농민과 손잡고 나아가기**

진달래꽃, 개나리꽃, 벚꽃. 2023년 3월 말, 순서대로 나와야 하는 봄꽃이 동시에 피었다. 기후 위기로 날씨가 따뜻해지면서 개화 시기가 당겨진 탓이다. 몇 년 전만 해도 존재조차 몰랐던 기후변화는 어느새 우리 삶 속에 성큼 들어왔다.

농사짓는 이들에게 이런 변화는 예사롭지 않다. '하늘 보고 농사짓는다'는 말처럼 농부들은 하루하루의 날씨, 바람의 방향, 꽃이 피는 시기를 살피며 때를 맞추기 때문이다. 농사 현장이야말로 자연과 가장 가까운 곳에서 밀접하게 기후변화를 체감하는 곳 아닐까? '기후 위기의 증인'인 농민의 이야기가 궁금했다. 이런 고민의 지평을 넓혀 준 건 홍성에서 농사짓는 금창영 농민이었다. '기후 위기 시대, 우리는 어떤 농사를 지어야 할까'라는 주제 아래 열린 세미나에서 그는 정부가 내놓은 탄소 중립이산화탄소를 배출한 만큼 이산화탄소를 흡수하는 대책을 세워 이산화탄소의 실질적인 배출량을 '0'으로 만든다는 개념 대책이 얼마나 허구인지 이야기했다. 스마트 농업, 저메탄 사료, 바이오차바이오매스와 숯의 합성어로 유기물과 숯의 중간 성질을 띠도록 만든 물질, 탄소배출계수탄소 배출량/질량. 에너지, 원료 또는 물질을 단위 질량만큼 생산하는 데 나오는 탄소(이산화탄소)의 양 측정 등 이름도 생경한 정책이 '탄소 중립'의 대안으로 제시되었지만 정작 농촌의 현실에는 맞지 않다고 했다. 현장의 농민을 배제하니 기술적 수단에만 의존한 해결책만 제시되었다는 것이다.

기후 운동에서도 농민을 '기후 위기 최일선의 당사자'로 호명하지만 정작 농민의 삶을 제대로 들여다보지 않았다는 생각이 들었다. 기후 위기와 농업을 둘러싸고 여러 이야기가 나오고 있지만 무엇이 옳고 그른지 알기도 어려웠다. 문제나 해결책을 제시하기 전에 농민이 처한 현실을 들여다보는 작업이 필요하지 않을까 하는 생각을 하게 되었다.

같은 고민을 하는 사람들이 모여 '기후 위기와 농민'을 주제로 인터뷰 프로젝트를 기획했다. 녹색연합 이다예·황인철 활동가와 홍성의 금창영 농민, 소농과 여성 농민을 인터뷰해 온 이아롬 회원이 한 팀이 되었고, 서로의 인맥을 총동원해 농민을 만나기 시작했다.

우리는 궁금했다. 현장의 농민들은 기후 위기를 어떻게 체감하고 있으며, 어느 정도의 위기라 느끼고 있는지. 그들은 이 위기 상황에 어떻게 대처하고 있으며, 해결책은 무엇이라고 생각하는지. 연구자나 전문가가 아닌 농민에게 직접 기후 위기에 관한 이야기를 듣고 싶었다. 농민이야말로 농업 현장을 가장 잘 아는 전문가이기 때문이다.

2022년 6월부터 2023년 1월까지 스무 명의 농민을 만났다. 유기농과 관행농, 시설 농업과 노지 농사, 대농에서 소농까지, 다양한 방식과 지향을 지닌 그들은 '○○농민'이라고 특정할 수 없는 사람들이었다. 처음부터 어떤 방식의 농업이 옳거나 대안이라는 의미로 접근하지 않았고, 농민이 하고 싶은 말을 있는 그대로 듣고자 했다. 이 인터뷰 내용이 농민 전체의 입장을 대변한다고 이야기할 수는 없지만 독자들이 기후변화가 먼 미래가 아닌 '지금 당장' 일어나는 일이자, 모두의 삶과 연결된 일이라는 것을 알아주길 바랐다.

인터뷰를 하며 공통적으로 어떻게 농사를 짓는지, 농사를 지으며 일상적으로 어떤 어려움을 겪는지에 관해 들었다. 기후변화와 관련해서는 이를 어떻게 체감하며, 이를 극복하기 위해 어떤 노력을 기울이고 있는지, 그리고 앞으로 어떤 변화가 필요하다고 생각하는지 물었다. 정부의 기후변화 대응 정책을 들어 본 적이 있다면 견해를 듣기도 했다. 인터뷰한 내용은 편의상 과수·축산·시설·노지, 네 가지로 분류해 본문에 담았다.

농민 대부분이 기후변화를 체감하고 있으나, 그 때문에 겪게 되는 어려움을 호소하는 이는 드물었다. 그들에게 기후 위기는 절체절명의 위기라기보다는 전부터 농민으로 살며 겪어 온 고충을 가중하는 요소 중 하나인 듯했다. 그런 농민들에게 "기후 위기에 대응하기 위해, 온실가스를 감축하기 위해 더 친환경인 농업을 하세요!"라고 말하는 건 또 다른 부담을 전가하는 일이 아닐까 하는 생각이 들었다. 많은 농민이 농사 규모를 줄일 것이다, 농사를 계속 지어야 할지 회의감이 든다는 이야기를 털어놓았다. 기후 위기가 아니더라도 농민의 삶은 이미 '위기'에 처해 있었다.

전환의 실마리를 푸는 작업을 어디서부터 시작해야 할까? 수많은 사람을 만났지만 아직도 뾰족한 답을 찾기 어렵다. 하지만 분명한 사실은 우리는 모두 '먹고' 살아야 하는 존재라는 것, 기후와 농업은 서로 연쇄적으로 영향을 주고받는다는 것이다. 농업이 바뀌기 위해서는 농민들이 바뀌어야 한다고 말하지만, 꼭 그렇지만은 않다. 농민이 탄소를 배출할 수밖에 없는 농사 방식을 유지하는 것은 소비자가 그것을 원하기 때문이다. 결국 우리의 입맛을 바꾸는 일, 내가 먹는 음식이 어디서 어떻게 생산되는지 돌아보는 것이 변화의 시작점이 될 수 있다. 그 과정에서 그동안 엄청난 부담을 떠안아 온 농민의 존재를 깨닫고, 함께 손잡고 험난한 기후 위기 시대를 견뎌 낼 묘안을 찾을 수 있으면 좋겠다.

인터뷰에 흔쾌히 응해 자신의 이야기를 들려준 농민들, 작업의 든든한 협력자였던 이아롬 회원과 금창영 농민에게 감사 인사를 전한다.

2023년 가을 녹색연합

들어가는 글

농민,
기후 위기의 피해자인가
가해자인가,
혹은 해결사인가?

1만2000년 전, 마지막 빙하기가 끝나고 지구는 온난 습윤한 안정적인 기후 조건으로 전환되었다. 이른바 '홀로세약 1만년 전부터 현재까지의 지질 시대'의 시작이다. 기후를 예측할 수 있게 되면서 식량 생산이 가능해졌고 대륙 곳곳에서 농업과 함께 문명이 시작되었다. 인류는 수렵 채집 대신 한곳에 정착해 농업 생산을 시작했다. 인류 문명에서 주요한 사건으로 손꼽히는 '농업 혁명'은 안정적인 기후 조건이 아니었다면 일어나지 못했을 변화다.

하지만 홀로세의 안정적인 기후는 최근 들어 급속도로 변화하고 있다. 인간 활동, 특히 화석연료가 연소하는 과정에서 발생하는 온실가스가 원인이 되어 지구 평균기온이 상승하고 있기 때문이다. 흔히 '지구온난화'라는 용어로 혼용되어 오해를 사지만, 기후변화는 단순히 지구가 따뜻해지는 현상이 아니다. 지구 평균기온이 상승하면 100년에 한 번 일어날 극단적인 기상 현상이 더 자주 일어나고, 대기·해양·빙하 등 지구의 순환 시스템이 붕괴한다. 기후변화의 징후는 육상·해양 생태계 등 곳곳에서 감지되고 있지만, 기후변화가 불러오는 피해가 가장 즉각적으로 나타나는 영역은 우리 생활과 밀접한 관련을 맺고 있는 농업이다. 예측 가능한 안정적인 기후 속에서 등장한 농업도 기후 위기가 더 심해진다면 언젠가는 불가능해질지도 모른다.

/ 기후 위기와 농업을 둘러싼 말, 말, 말 /

너무 우울한 전망 같은가? 하지만 이런 징후는 전 세계 이곳저곳에서 나타나고 있다. 전 세계가 기후 위기로 몸살을 앓았던 2021년을 예로 살펴보자. 우리나라의 주요 밀 수입처인 미국과 캐나다에서는 고온 건조한 날씨가 지속되면서 밀 수확량이 급감하고 밀 수입 가격이 폭등했다. 한편 전 세계 커피의 3분의 1을 생산하는 브라질에서는 100년 만의 가뭄과 커피 재배지에 쏟아진 이례적 폭설로 원두 생산량이 전년 대비 20퍼센트 가까이 줄어들었다. 한편 세계 2위 밀 생산국인 인도는 극심한 폭염으로 밀 생산량이 감소하면서 밀 수출을 금지했다. 2022년 연평균 세계식량가격지수◆는 143.7로, 수치를 산출하기 시작한 1961년 이래 최고치를 경신했다. 물론 우크라이나 전쟁과 코로나바이러스감염증-19이하 코로나19가 촉발한 전 세계 공급망 약화의 영향도 있지만, 전 세계적인 폭염과 가뭄 때문에 식량 생산량이 줄어든 것도 가격 상승의 큰 요인 중 하나였다.

옥스팜의 팀 고어 기후 정책 책임자는 "향후 세계인은 주로 식

◆ 유엔식량농업기구FAO는 24개 품목에 대한 국제 가격 동향을 조사해 다섯 개 품목군(곡물, 유지류, 육류, 유제품, 설탕)별 식량가격지수를 매월 작성해 발표한다. 2014년에서 2016년까지 가격 평균을 100으로 잡은 상대적 수치다.

량을 통해 기후변화를 경험하게 될 것"이라고 경고한 바 있다. 전 세계적인 이상기후에 위기감이 고조되면서 언론에서도 기후 위기와 식량 위기에 관한 기사를 다루기 시작했다. 세계 7위 곡물 수입국, 1.4퍼센트밖에 되지 않는 밀 자급률, OECD 최하위를 밑도는 곡물 자급률18.5퍼센트 같은 한국의 현실이 지적되고 있다. 전문가들은 기후 위기 시대를 맞아 식량 위기에 대비해야 한다는 경고와 대응 방안을 내놓는다. 국가적으로 농업을 보호하고 식량 자급률을 높여야 한다는 목소리와 함께, 한편에서는 해외 공급망 확보, 스마트 팜 같은 방식으로 식량 안보를 지켜야 한다는 목소리도 나오고 있다.

하지만 이상하게도 농사를 짓는 당사자인 농민의 입에서 기후 위기를 언급하는 모습은 보기 어렵다. 기사를 찾아보면 '이런 날씨는 처음'이라는 하소연을 시작으로 각종 기상이변 때문에 발생한 농작물 피해를 취재한 기사가 대부분이다. 사라지는 꿀벌, 냉해로 까맣게 타 버린 배꽃, 수해로 초토화된 시설, 자포자기한 농민의 모습 등, 언론에 소개되는 농민은 대부분 수동적인 기후 위기의 '피해자'라는 위치에 머무른다. 우리 사회에서 농민이 주체적으로 내는 목소리는 기후 위기보다 오히려 농지로 들어오는 태양광을 반대하는 목소리가 더 거세다. 기후 위기와 농업을 둘러싸고 언론과 전문가는 '식량 위기'를 이야기하지만, 농민들이 당장 겪는 현실은 남아도는 쌀 때문에 쌀값이 폭락하고 농지가 태양광 시설 때문에 잠식되는 것이다. 기후 위기 앞에서 농민과 농업을 지키기 위한 정책은 정작 찾아보기 힘들다.

/ 농업, 온실가스 배출의 주범? /

한편 이른바 '탄소 중립' 시대를 맞아 농업도 온실가스를 배출하는 주범으로 주목받기 시작했다. 탄소 중립이란 온실가스 배출을 최대한 줄이고, 남은 온실가스는 흡수해 온실가스 순배출량을 '0'으로 만드는 것이다. 우리나라는 지난 2020년, 2050년까지 탄소 중립을 이루겠다고 선언했다. 이에 따라 농업 분야도 예외 없이 온실가스 감축의 대상이 되었다. 그렇다면 농업에서 얼마나 많은 온실가스가 배출되고 있을까?

'국가 온실가스 인벤토리 보고서 National Inventory Report, NIR'에 따르면, 농업 분야의 온실가스 배출량은 2020년 기준 전체의 3.2퍼센트를 차지한다. 배출처는 다양하다. 벼를 재배할 때 논에 물을 대는데, 이때 논물 속에서 유기물이 혐기 발효 미생물이 산소가 없는 조건에서 유기물을 분해하여 에너지를 얻는 것 되면서 메탄이 발생한다. 농경지에 비료와 분뇨를 뿌릴 때는 아산화질소가 발생한다. 축산 부문에서는 소가 사료를 소화할 때 발생하는 트림에서 메탄이, 그리고 가축 분뇨를 처리하는 과정에서 메탄과 아산화질소가 발생한다. 메탄과 아산화질소의 온실효과는 각각 이산화탄소의 80배, 300배에 이른다고 알려져 있다.

전체에서 차지하는 비율로 보면 생각보다 적은 양이라 생각할 수 있다. 하지만 3.2퍼센트라는 수치에는 함정이 숨어 있다. 농업 생산을 할 때 직접 배출되는 양만 계산했기 때문이다. 예를 들어 우리나라에 수입되는 농산물이 해외에서 생산되거나 수송될 때 배출된 온실가스의 양은 빠져 있다. 물론 농경지에 투입되는 비료를 생산하거나, 가축이 먹는 사료를 생산하는 과정에서 발생하는 온실가스도 빠져 있다. 농가에서 난방에 사용하는 에너지도 빠져 있다. 이러한 부분을 모두 고려한다면 먹을거리 부문에서 배출되는 온실가스는 얼마나 될까?

전 세계적으로, 우리가 먹는 음식을 생산·수송·가공·유통·폐기하는 전 과정에서 배출되는 온실가스는 전 세계 온실가스 배출량의 4분의 1에서 3분의 1을 차지한다고 알려져 있다.◆ 그중에서도 축산은 주요한 온실가스 배출원으로 주목받고 있는데, 유엔식량농업기구는 2013년 축산업의 공급망에서 배출되는 온실가스가 전체의 14.5퍼센트를 차지할 것이라 추산했다. 그중에

◆ Poor & Nemeneck. 2018; Crippa et al., 2021; Rosenzweig et al., 2020; Tubiello et al., 2021 참고. 연구별로 추산치는 다르다. 우리나라에 한정해 먹을거리 시스템의 배출량을 추산한 연구는 없는 상태다.

서도 소고기의 탄소발자국은 특히 높은 편인데, 소의 장내 발효 과정에서 미생물이 메탄을 발생시키기 때문이다. 온실가스뿐만 아니라 소를 방목하고 사료를 생산하기 위해 아마존 같은 산림이 대규모로 파괴된다는 점에서 축산업이 환경에 미치는 영향은 특히 크다고 볼 수 있다.

| 흙, 엄청난 탄소 저장고 |

농업은 온실가스 배출원일 뿐만 아니라, 상당한 규모의 잠재적 온실가스 흡수원이기도 하다. 현대 농업과 경운의 문제점을 다룬 다큐멘터리 〈대지에 입맞춤을 Kiss the Ground〉에는 경운을 하는 4월에 토양 속 탄소가 방출되어 대기 중 이산화탄소 농도가 매우 크게 상승했다가 식물이 본격적으로 자라나는 6월이 되면 이산화탄소 농도가 급격히 낮아지는 장면이 나온다. 과학 시간에 익히 배운 것처럼 모든 식물은 '광합성'을 해서 이산화탄소를 흡수하고 산소를 방출하는데, 식물이 흡수한 탄소는 뿌리 근처에 사는 미생물의 도움으로 토양에 저장된다. 하지만 경운을 하면 땅속에 있던 탄소가 대기 중으로 날아가고, 토양 속 유기물 함량도 낮아진다.

농경지는 적절히 관리된다면 산림과 같은 '탄소 흡수원'이 될 수 있다. IPCC Intergovernmental Panel on Climate Change, 기후변화와 관련된 전 지구적 위험을 평가하고 국제적 대책을 마련하기 위해 세계기상기구와 유엔환경계획이 공동으로 설립한 유엔 산하 국제 협의체에 따르면 농업에서 '탄소격리'를 통한 온실가스 감축량은 1년에 1.8~4.1GtCO2eq로 추산된다.◆ 경운하지 않고, 피복작물을 길러 맨땅이 보이지 않게 흙을 덮고, 다양한 작물을 돌려짓기로 재배하면 상당한 양의 탄소가 토양 속에 격리될 수 있다. 이러한 방식을 해외에서는 '보존농업' 또는 '재생농업'이라 부르는데, 북미 대륙을 중심으로 연구와 시도가 활발히 이루어지고 있다. 우리가 흔히 접하는 '유기농업'은 농약과 화학비료를 사용하지 않지만 경운을 한다는 점에서 재생농업과는 구별된다. 흙의 건강을 최우선으로 삼는 재생농업은 끊어진 탄소 순환의 고리를 다시 연결할 뿐만 아니라 땅속 생태계를 되살리고, 토양 유실을 막아 주며, 토양의 완충 능력을 높여 준다.

하지만 농경지의 탄소 흡수 효과는 한국에서 거의 주목받지 못하고 있다. 해외 사례가 가끔 소개되고, 무경운 농법을 시도하는 소수의 농민이 존재할 뿐이다. 한국의 현실에 맞추어 재생농법을 적용하려면 더 많은 연구와 논의가 필요하다.

◆ IPCC 제6차 평가보고서 제3실무그룹보고서(2022.4), 정책 결정자를 위한 요약본 참고.

/ 기후 위기에 대응하는 농업 /

지금까지 기후 위기와 농업을 둘러싸고 나오고 있는 이야기를 살펴보았다. 농민은 기후 위기의 피해자, 가해자, 해결자 등 다양한 역할로 호명되고 있다. 앞으로 이어질 인터뷰 내용에서도 농민들은 이처럼 다양한 모습을 오간다. 농민 대부분은 기후 위기 때문에 발생하는 피해를 온몸으로 느끼면서도 자신의 영농 행위가 기후 위기에 일조하고 있다는 죄책감에 기후 위기에 관한 직접적인 언급을 꺼린다. 하지만 농민이 기후 위기의 피해자인지 가해자인지 판단하기보다, 기후 위기 시대 농업의 대안을 만들고자 하는 농민들의 모습에 더 주목하면 좋겠다.

기후 위기에 대응하기 위해 농업은 어떻게 바뀌어야 할까? 농업이 온실가스 배출원이자 흡수원이라는 측면뿐만 아니라, 농업이 식량 생산과 생물 다양성 보전, 지역 공동체에 기여할 수 있는 다원적 기능을 종합적으로 고려한 기후 위기 대응책이 필요하다. 그리고 그 대안은 당연히 현재 농업과 농촌의 현실을 충분히 인식하는 것에서 시작되어야 한다.

곡물 자급률 18.5퍼센트, 친환경 농지 면적 4.8퍼센트, 농가의 연간 농업 소득 1000만 원. 우리나라 농업의 초라한 현실이다. 농업 인구는 해마다 줄어들어 2000년과 비교하면 반 토막이 났고, 65세 이상 고령 인구가 거의 절반을 차지하고 있다. 기후 위기에 적응함과 동시에 온실가스 감축이라는 미션을 달성하기 위해서는 상당한 역량이 필요하지만, 농민 삶의 기반은 갈수록 취약해지고 있다. 농민의 삶을 향상시키면서 기후 위기에 대응할 수 있는 농업의 '정의로운 전환' 대책을 함께 고민해야 하는 이유다.

여러 이야기가 산발적으로 들려오지만 전환의 방향은 아직 뚜렷하지 않다. 얄팍한 숫자 너머 입체적 현실을 반영하지 않는 한, 전환은 그저 구호에 그치고 말 것이다. 지금의 위기를 불러온 근본 원인은 무엇인지, 그에 걸맞은 해결책은 무엇인지, 현장에서 발 딛고 선 농민의 이야기를 들으며 구체적인 전환의 모습을 함께 고민할 수 있었으면 좋겠다.

기후 위기,

어떻게
느끼고 있나

1부.

과수

인터뷰를 준비하면서 기후 위기 때문에 가장 큰 어려움을 겪는 곳은 과수와 축산 농가가 아닐까 생각했다. 결과적으로 이러한 예상은 적중했다. 품목에 따라 차이는 있으나, 대부분의 과수 농가는 일상적인 냉해를 입고 있다. 다른 농사에 비해 과수농사가 농장을 조성하는데 많은 비용이 들고, 수익을 내기까지 시간이 많이 걸린다. 그러다 보니 상대적으로 기후 위기 대응에도 적극적인 편이다. 냉해 피해를 줄이기 위해 안개 분무를 하거나, 재배 품종을 늘리거나, 새로운 자재를 사용한다. 더불어 피해에 대비해 재해보험을 활용한다. 특이한 점은 다른 품목보다 작목반을 중심으로 일상적인 피해에 대응하는 방법을 고민하고 있다는 점이다.

과수의 경우 크기나 모양에 높은 기준을 요구하는 시장에 대한 문제점을 지적하고 있으며, 정부가 이야기하는 재배 적지가 북상하는 것에 관해서는 대체로 공감하지 않는다. 과수 농가 역시 기후 위기 대응법으로 시설 재배를 고민하는 경우가 많았다. 시설 재배에 대해서는 근본적으로 문제가 있다는 인식부터, 상대적으로 많은 비용이 투입되어야 하는 어려운 상황을 이야기하기도 한다.

사과 × 충남 예산군·임춘근

"농민들이 탄소 중립에 협조하려면
소득 보전이 관건이에요."

일상화된 냉해 피해, 손실 보전을 위한 대책은 부족

사과는 기후 위기의 영향을 가장 많이 받는 작물 중 하나다. 서늘한 기후에서 잘 자라는 사과는 온난화로 기온이 높아지면 재배하기 어렵다. 예측하기 어려운 날씨도 사과 재배를 어렵게 하는 요인 중 하나다. 언론 기사에서도 4월 초 갑자기 영하로 떨어진 이상 기온 현상으로 냉해를 입었다는 사과 농가의 소식을 심심치 않게 볼 수 있다. '기후 위기와 농민'이라는 주제로 진행한 인터뷰에서 제일 처음 사과 농가를 찾아간 이유다.

충남 예산군에서 10년째 사과 농사를 지어 온 임춘근 농민은 최근 4~5년 전부터 냉해 피해가 '일상화'되었다고 증언한다. 사과 농가에서 경험하는 대표적인 피해인 '냉해'는 사과꽃이 피었을 때 갑자기 온도가 낮아져 꽃 자체가 얼어 죽는 현상을 말한다. 사과의 경우 개화기에 기온이 섭씨 0도에서 영하 3도로 떨어지면 사과꽃의 50퍼센트가 얼어 죽고, 영하 5도로 떨어지면 70퍼센트가 죽는다. 냉해 외에도 예측하기 어려운 봄철 날씨 때문에 사과꽃이 잘 수정되지 않는 현상도 지속되고 있다. 개화기에 비가 많이 오거나 온도가 낮아지면 수정을 도와주는 벌과 나비가 활동하지 않아 수정률이 떨어지기 때문이다.

"과수 농가가 1년 중 가장 심혈을 기울이는 작업이 '꽃 수정'입니다. 수정이 얼마나 잘되느냐가 생산량과 직결되거든요. 제가 사과 농사를 시작한 초창기에는 사과꽃화방이 아래에서 위까지 전부 수정되었어요. 사과꽃이 다섯 개가 피는데, 중심에 있는 꽃이 가장 먼저 피어서 수정된 다음 둘러싼 네 개가 수정이 됩니다. 그럼 솎아주기적과를 할 때 가운데 큰 것만 두고 나머지는 따 주지요.
예전에는 신경 쓰지 않아도 다섯 개 모두 수정이 되었는데, 지금은 가운데 꽃도 수정이 잘 안 됩니다. 수정되어도 '가임신'이라고, 암술과 수술이 만나지 않은 상태에서 수정이 되지요. 그렇게 큰 상태로 5월 말, 6월이 되면 열매가 바닥에 그냥 떨어져 버리는 '준 드롭June-drop' 현상이 나타납니다."

농촌진흥청의 연구에 따르면 앞으로 사과 재배 적지는 점차 북상하거나 산지로 이동하고, 2070년이 되면 일부 지역을 제외하고는 사과 재배 자체가 어려워질 것으로 예상한다. 언론에서도 평균기온이 상승하면서 사과 재배지가 강원도로 올라가고 있다는 이야기를 많이 다룬다. 하지만 임춘근 농민은 당장은 강원도에서 재배하는 것은 쉽지 않다고 말한다. 강원도는 추워서 냉해와 동해나무가 얼어 죽는 현상가 심하고, 사과 주산지에 비해 일조량도 훨씬 적기 때문이다.

"가을에 일교차가 커야 안토시아닌이라는 색소가 많이 나와서 사과가 빨간색을 띱니다. 낮과 저녁의 온도 차가 10도 정도는 나야 합니다. 그런데 최근 들어 사과를 수확하는 9~10월에 낮 온도가 30도가 넘고, 저녁에도 20도 이상일 때가 있어요. 열대야 때문에 밤 기온이 높으면 사과나무가 저녁에도 활동해야 하는 줄 알고 잠을 안 자서 착색이나 비대사과가 커지는 것이 이루어지지 않습니다. 착색되어야 사과가 커지는데, 착색이 되지 않으니 크기도 안 커지는 것이지요. 그래서 일교차가 더 크게 나는 지역이어야 사과가 된다고 해서 재배지가 북상한다는 말을 많이 하는 것 같아요. 하지만 실제로 강원도의 사과 생산량 자체는 많지 않습니다."

────── **심화되는 위기, 부족한 안전망** ──────

인터뷰를 위해 임춘근 농민을 찾아간 것은 2022년 6월, 봄 가뭄이 몇 달째 이어지는 때였다. 따뜻한 날씨가 계속되어 냉해는 없었지만, 병충해가 유독 많았다. 온도가 갑자기 상승하면서 알이 빨리 부화한 탓이다. 하지만 고비는 봄철뿐만이 아니다. 50일이 넘는 역대 최장 장마 기간을 갱신한 2020년 여름, 임춘근 농민은 하루가 멀다 하고 농약을 치느라 장마철 한바탕 전쟁을 치렀다. 비가 오면 특히 빨리 퍼지는 탄저병을 막기 위해서다.

"장마가 길었던 재작년에는 5일에 한 번 농약을 쳤어요. 보통 11~12일 간격으로 약을 치는데, 비가 오면 약이 씻겨 내려가니까 중간에 한 번 더 해야 됩니다. 그러니까 비가 자주 올 때는 아무 데도 못 가지요. 땅이 물러지니 1톤짜리 농약 치는 기계에 물을 가득 싣고 다니면 기계가 땅에 푹푹 빠져요. 진창에 빠진 기계를 굴착기로 꺼낸 적도 있어요. 정말 힘든 해였는데, 그래도 가을이 되니까 사과가 달리더라고요. 사과 보고 '너 참 대단하다', 속으로 그랬습니다."

이처럼 냉해 피해를 입거나 장마가 긴 해에는 수확량이 줄어들지만, 투입되는 농약이나 인건비는 오히려 상승한다. 기후변화 때문에 영농 비용은 상승하는데 소득은 오히려 줄어드는 이중고를 겪게 되는 것이다. 이러한 상황에서 농작물 재해보험은 농작물 피해가 발생했을 때 유일한 소득 보전 수단이다. 재해보험에 가입했는지 묻자 임춘근 농민은 1만 평 면적의 과수원 중 올해는 4000평에 해당하는 농지에 적용되는 재해보험에 가입했다고 답했다. 보험금의 70퍼센트를 정부에서 보조해 주고, 나머지 30퍼센트에 해당하는 500만 원을 냈다. 소멸성 1년짜리 보험에 내는 보험금이 1700만 원이나 되는 셈이다. 높은 비용 부담 외에도 재해보험 보상 체계에는 많은 문제점이 있다.

"재해보험에는 자부담이라고 해서 자기 손실 부담률이 정해져 있어요. 한 나무당 정상 착과 수가 100개라면, 태풍이나 냉해로 40퍼센트가 떨어졌을 때 보상 대상 중 자부담 30퍼센트를 제외해 버립니다. 그럼 보상 받을 수 있는 건 10퍼센트 뿐이지요. 만약 작년에 냉해 때문에 1000만 원 손해배상을 받았으면, 작년에 보험금을 탔기 때문에 올해 똑같은 피해를 입어도 500만 원50퍼센트만 나와요. 내가 피해를 의도적으로 일으킨 것도 아니고 자연재해인데도 개인에게 누진세율을 붙이지요. 그래서 피해량이 적으면 3~4년 후에 제대로 받으려고 보험금을 일부러 안 받기도 해요. 보험사끼리 경쟁하지 않고 농협 손해보험에서 작물재해보험을 독점하니까 문제입니다."

시설이 만병통치약은 아니다

과수를 노지 재배가 아닌 하우스나 유리온실 같은 시설에서 재배한다면 기후변화 때문에 생기는 문제를 피할 수 있지 않을까? 하지만 과수를 시설에서 재배하는 건 불가능에 가깝다. 높은 시설 투자 비용 때문에 배보다 배꼽이 더 커지는 격이다.

냉해나 이상 고온으로 생기는 피해를 최소화하기 위해 임춘근 농민은 몇 년 전 농장에 '네타핌'이라는 안개 분무기를 설치했다. 이스라엘이나 유럽의 하우스에 설치된 분무 시설을 과수에 적용한 것이다. 평소 학구열이 높아 해외 선진 농가를 방문하면서 본 시설을 참고해 직접 부품을 사서 조립해 만들었다. 안개 분무기를 작동시키면 구름 낀 것처럼 안개가 나오는데, 더운 여름에는 온도가 5도 정도 떨어진다. 사과나무는 기온이 30도가 넘어가면 생육이 어렵기 때문에 폭염 기간 작동하면 적당한 수준으로 온도를 조절할 수 있다. 과실이 뜨거운 햇볕에 데는 '일소 피해' 현상도 안개 분무기로 막을 수 있다. 꽃이 피었는데 갑자기 영하로 기온이 떨어졌을 때, 분무기를 밤새 틀어 놓으면 냉해도 방지할 수 있다. 효과가 좋아 작년에는 농민 30명을 대상으로 직접 교육도 진행했다. 하지만 이런 시설로 봄에 갑자기 더워져 꽃이 일찍 피는 것까지 막기는 어렵다.

임춘근 농민은 자비로 안개 분무기를 설치했지만, 기후변화 때문에 농민들이 입는 손실에 대응하기 위한 각종 지원 사업이 있다. 온열기를 설치해 따뜻하게 하거나, 날씨가 너무 더우면 그늘막을 설치하는 등 대부분 시설 관련 지원이다. 문제는 시설의 효과가 검증되지 않았다는 데 있다.

"예산군 농업기술센터에서 권하는 우박 피해 방지망을 설치할 경우 비용이 몇천만 원 단위로 엄청 비싸요. 그런데 그게 과연 효과가 있는지 검증하는 곳은 전무합니다. 검증도 없이 정부 보조를 받아 다른 지자체에서 한 것을 따라 하는 것이지요. 사업이 정말 효과가 있는지 2~3년 정도 시범 농가를 대상으로 검증한 다음 농민들에게 보급할 필요가 있어요. 지금처럼 검증되지도 않은 것을 무작정 지원하는 물량 중심 지원은 지양해야 합니다. 지원 사업도 농민을 믿고 스스로 할 수 있도록 해 주면 좋겠어요. 지금은 무조건 업자를 끼고 해야 해서 절차도 복잡하고 비용도 많이 들거든요."

마지막으로 기후변화에 대응하기 위해 필요한 농업 정책은 무엇일지 묻자 '소득 보전이 관건'이라는 답이 돌아왔다.

"기후 위기, 탄소 중립, 온실가스 감축 모두 중요하지요. 그런데 화학 비료 안 쓰고, 농약 덜 쓰고, 탄소 흡수할 수 있는 농작물로 대체한다

사과나무 사이로 안개 분무기가 설치되어 있다.

고 하면 농가 소득이 지금의 30퍼센트밖에 안 될 거예요. 당장 과수에서도 농약 안 쓰면 다 벌레 먹어서 수확량이 뚝 떨어지겠지요. 농민들이 친환경 농업과 탄소 중립에 협조한다고 했을 때, 소득을 보장해 줄 수 있는지가 관건인 것 같아요. 유럽은 농민의 소득을 보전해 주거든요. 이런 부분을 먼저 보장하면서 농민 문제를 해결해야 한다고 생각합니다."

물론 기후 위기 대응은 농민 소득만의 문제는 아니다. 접대 문화와 제사 문화가 발달한 우리나라 특성상 빨갛고 예쁜 사과를 선호하는 소비자의 입맛도 돌아보아야 한다. 양질의 고급 사과를 생산하려면 그만큼 농약과 인건비도 더 많이 투입되어야 하고, 기준에 맞지 않아 버려지는 사과의 양도 많아지기 때문이다. 더 많은 투입과 폐기는 필연적으로 더 많은 탄소 배출로 연결된다. "한국의 전반적인 식생활과 함께 농업 유통의 구조적인 문제도 함께 돌아보아야 한다"는 임춘근 농민의 말을 귀담아들을 필요가 있다.

글
이다예

사진
이아롬

포도 × 경북 상주시 · 박종관

"기후 위기가 심각해질수록
농작물은 시설로 들어갈 수밖에 없어요."

고품질 농산물에 대한 요구가 고투입 농사를 부추긴다

2022년은 기록적인 폭우로 기억되는 해다. 역대 최장 장마를 기록한 2020년에 이어, 2022년 8월에 쏟아진 예상치 못한 '물폭탄'은 사람들에게 기후변화를 온몸에 각인시켰다. 서울의 경우 기상 관측 이래 가장 많은 비가 내려 지하철과 도로, 건물 곳곳이 침수되기도 했다. 8월 중순 상주시 모동면의 박종관 농민을 찾아갔을 때는 집중호우가 한차례 지나간 뒤였다. 포도 농사를 짓는 박종관 농민은 이맘때쯤 항상 신경이 곤두선다. 8월 하순이면 포도 수확을 시작해야 하는데, 수확 철 직전에 비가 오면 위험하기 때문이다.

"캠벨 같은 경우는 품종 자체가 열과열매가 익을 때 비가 오다가 갑자기 햇빛이 나면서 껍질이 갈라지는 현상가 많이 생겨요. 다음 주 정도면 수확해야 하는데 이때 비가 오면 진짜 위험하지요. 일기예보에 오늘 밤에도 비가 많이 온다고 되어 있는데, 이 시기에는 항상 긴장 상태입니다. 비가림막을 해도 비가 오면 땅도 물을 많이 흡수하고 습도가 높아지니까 영향을 받을 수밖에 없어요. 습도가 높아지면 포도에 병이 많이 생기거든요. 이맘때쯤에는 장마 영향보다 태풍이 많이 와서 늘 문제였습니다. 큰비가 완숙기_{열매가 완전히 익는 시기}와 겹치면 수확량에 치명타를 입거든요."

25년째 포도 농사를 짓고 있는 박종관 농민은 포도 자체가 우리나라 기후와는 잘 맞지 않는 작물이라고 말한다. 수확 철에 건조해야 하는데 우리나라는 장마가 있어 비가 자주 오기 때문이다. 유럽 같은 포도 주산지와는 기후가 반대다. 한국의 좋지 않은 기후 조건에서 날씨 영향을 최소화하기 위해서는 아무래도 하우스를 선호할 수밖에 없다. 최근 들어서는 점점 농사짓기 어려운 기후가 되어 가고 있어서 농민들이 점점 시설을 설치하는 추세다. 박종관 농민도 올해 적지 않은 돈을 들여 800평짜리 연동 하우스_{하나 이상 연결한 하우스}를 새로 지었다. 원래 하우스 농사를 좋게 보지 않았지만, 농민으로 살아남기 위해서는 타협할 수밖에 없었다.

상습화된 냉해 피해에 기후 위기 실감

박종관 농민은 다양한 품종의 포도를 재배하고 있다. 우리가 흔히 먹는 진한 보랏빛의 캠벨 포도는 노지에서 키우고, 6~7년 전부터는 샤인머스캣도 재배해 왔다. 흑바라드, 세네카, 베니바라드 같은 낯선 유럽 종 고급 포도도 기르고 있는데, 내년부터는 품종을 열 가지로 늘릴 계획이다. 단일 품종으로 공판장에 계통 출하생협이나 농협 등의 조직을 통하여 농산물을 판매하는 것하는 게 가장 효율적이기는 하지만 소비자에게 다양한 포도를 선보일 수 있다는 장점 때문에 직거래를 한다.

냉해 같은 이상기후에 대비해 여러 품종을 키우는 것인지 묻자 "하나가 망하면 다른 하나가 더 잘되는 경향이 있기는 하지만 그게 근본적인 해결책이 될 수는 없다"는 답이 돌아왔다. 자신이 키운 포도를 색깔별로 소비자에게 선보였을 때 느끼는 심리적 만족감이 오히려 더 큰 동인이다.

올봄 박종관 농민은 병충해 문제로 골머리를 앓았다. 겨울이 따뜻해지고 봄부터 초여름까지 고온기가 지속되며 비가 오지 않다 보니 미국선녀벌레 피해가 특히 심각했다. 포도에 봉지를 씌울 때 한 송이 한 송이 벌레를 떼어 내느라 한동안 고생했다.

박종관 농민이 재배하는 유럽 종 포도. 왼쪽부터 흑바라드, 베니바라드, 세네카.

"뭐랄까. 제가 걔네들 미국선녀벌레 아지트에 들어가 포도 구출 작전을 하는 느낌이었달까요. 그래도 막판에는 방제력이 높은 유기농 약제 배합률을 찾아 해결했습니다. 올해의 경우 봄에 가물기는 했지만 날씨가 무난해서 작황이 나쁘지 않은 편이에요. 가뭄은 사실 기술력과 시설로 극복할 수 있거든요. 올봄은 잘 넘어갔지만 작년까지는 거의 매년 저온 현상이나 냉해 피해가 있었어요. 원래도 냉해는 가끔 있었지만 최근 5~6년 전부터는 완전히 상습화되었지요. 피해를 적게 입느냐, 많이 입느냐의 차이가 있을 뿐이지 거의 매년 냉해 피해를 입습니다. 그러다 보니 복숭아 같은 핵과 단단한 핵으로 싸여 있는 씨가 들어 있는 열매로, 외과피는 얇고 중과피는 살과 물기가 많다 류 농사짓는 분들은 농사 못 짓겠다, 할 정도로 힘들어합니다. 이 부분에서 기후변화를 가장 실감할 수 있는 것 같아요."

이상기후 피해를 줄이기 위해 쓰는 방법이 있는지 묻자 냉해의 경우 아미노산이나 해초로 만든 제제를 주면 냉해 예방에 도움이 된다는 답이 돌아왔다. 포도는 사과와 달리 4월에 순이 먼저 나오고 5월 말에 꽃이 핀다. 눈이 처음 나올 때나 4~5엽기 葉期, 식물의 잎이 나오는 때에 냉해에 가장 취약하기 때문에 봄에 주로 이런 제제를 잎에 살포한다. 과거 유기농 분야에서 개발된 기술인데 이제는 상업화되어 널리 쓰인다고 한다.

흙의 완충 능력을 키우는 농사

박종관 농민은 20년 넘게 유기농업을 고수하고 있지만 유기농을 포기할 뻔한 위기의 순간도 있었다. 2011년 전국적으로 포도나무 동사 피해가 있었던 해, 밭 전체가 동사해 나무를 다 뜯어내고 다시 심어야 했다. 농장 문을 닫아야 할 수도 있는 위기에 처할 만큼 경제적으로도 힘들었지만, 무엇보다 유기농업에 큰 회의감을 느꼈다고 한다.

"유기농을 하면 농산물의 품위는 조금 떨어지더라도 농작물은 건강하게 크겠지 생각했는데, 외부에서 충격이 가해질 때 오히려 남들보다 더 약하더군요. 심각하게 고민하다가 그 이후로는 밭 한쪽에 퇴비장을 만들고 땅 자체를 건강하게 만들기 위해 노력했지요. 기본적으로 초생재배호밀이나 보리, 헤어리비치 등의 녹비작물을 키워 땅의 온도를 조절하고 침식을 막으며, 거름으로 사용하는 농사법를 지향하고 탄소질 중심의 목질 퇴비대팻밥이나 톱밥을 기본으로 만든 퇴비를 만들어 토양 유기물 함량을 높이기 위해 노력했어요. 지금 토양을 검사해 보면 유기물 함량이 7퍼센트 정도 나와요. 토양의 유기물 함량이나 부식 성분이 높아지면 보수력흙이 수분을 보존할 수 있는 능력, 보비력흙이 거름기를 보존할 수 있는 능력도 높아진다고 하거든요. 외부 변화로부터 농작물을 보호할 수 있는 완충 능력이 생기는 겁니다."

해결책은 한마디로 토양 자체의 회복 탄력성을 키우는 것. 품종 다양화나 일시적인 농자재 투입보다 이런 농법이 더 근본적인 기후변화 대응책이 될 수 있지 않을까 하는 생각이 들었다.

'고투입' 농사는 농촌과 환경에 모두 '악순환'

평소 주변 농민들과 기후변화 이야기도 하는지 묻자 그는 농민으로서 겪는 복잡한 심경을 나타냈다.

"일상적으로 날씨가 이상하다, 같은 단편적인 이야기는 하지만 근본적인 원인을 돌아본다거나 하는 내용의 대화는 아니에요. 언론에 기후 위기 대응과 관련된 이야기가 많이 나오지만 농민 입장에서는 그건 우리 영역이라고 보지 않는 경향이 있어요. 농민들도 기후변화의 가해자인 동시에 피해자이다 보니 약간의 죄책감이 있어 나서지 못하는 것 같아요. 저도 어쩔 수 없이 하우스를 지었잖아요."

기후 위기의 원인을 찾기 위해서는 자신의 영농 행위를 돌아볼 수밖에 없다. 포도, 특히 요즘 인기가 좋은 샤인머스캣 품종은 주로 '고투입' 방식비료나 거름, 농약, 노동력을 많이 투입해 높은 생산성과 수익을 추구하는 농사으로 농사짓는다. 관행농에서는 포도알을 작은 살구만 한 크기로 만들기 위해 농약이나 비료를 매우 많이 투입한다. 그러다 보니 부영양화질소나 인 등을 땅에 많이 투입해 작물이 미처 흡수하지 못하는 영양분이 토양에 쌓인 후 호수나 강으로 흘러들어 수질을 오염시키는 일가 나타나 밭마다 퍼런 이끼가 낄 정도다. 고투입 농사는 필연적으로 다량의 탄소 배출로 연결될 수밖에 없다. 하지만 이를 두고 기후 위기 가해자라며 농민만 탓할 수도 없는 노릇이다.

"시장이 농민들에게 경쟁력 있는 고품질 농산물을 요구하잖아요. 그런데 고품질이라는 말에는 노동력과 끊임없는 투자라는 말이 숨어 있어요. 결국 돈이 되니까 고투입 농사를 짓는 건데, 수익 위주의 농가 경영에 치중하다 보면 반대로 농업의 사회적이고 다원적인 기능은 줄어들 수밖에 없는 것 같습니다. 여름철이 되면 다들 5~6킬로그램씩 살이 빠질 정도로 열심히 일해요. 폭주하는 기차처럼 전력 질주하지요. 도시의 사고방식과 시스템이 농촌에도 그대로 흘러 들어오고 있는 것 같아요. 그러다 보면 마을에서 이루어지는 공동체 활동 같은 건 소홀해질 수밖에 없습니다."

마을 이장인 박종관 농민은 상주 시내 아파트에서 출퇴근하며 농사짓는 청년들이 많아지는 게 마음이 아프다. 점점 농촌이 삶의 터전이 아니라 생산 기지가 되어 가는 것 같아서다. 유기농업을 고수하는 이들도 점점 줄어들고, 농촌에서 벌어지는 소득 격차에 착잡한 마음이 들 때도 있지만, 박종관 농민은 흔들리지 않고 신조를 지키면서 자족하며 살아가고자 한다.

"항상 줄타기하는 기분입니다. 농사로 소득을 내야 하는 농업인으로서 맞닥뜨리는 현실과 농사짓는 행위에 제가 꿈꾸는 세상의 가치를 어떻게 녹여 낼 수 있을지, 그 사이에서 항상 고민해요. 때로는 절충도 하고 타협도 하면서 중심을 찾아가는 중인데 늘 어렵지요. 그래도 잘 먹고 잘 살고 있으니 감사해요. 다양한 품종을 재미나게 지으면서 사는 게 제 꿈입니다."

친환경 농사를 고민하던 농민이자 마을활동가로 지역에 헌신했던 박종관님이 2023년 9월 작고하셨습니다. 고인이 되신 박종관님에게 심심한 애도의 뜻을 표합니다.

글
이다예

사진
이아롬

복숭아 × 충북 제천시 · 윤태일

"기후변화를 체감하고 있지만
대책을 논의할 구조조차 없으니 막막하죠."

기후변화라는 거대 담론을
일상적인 언어로 풀어내야

9월 말, 비탈진 밭마다 붉은 수수가 빼곡하다. 윤태일 농민이 사는 제천시 수산면은 잡곡 농사, 그중에서도 수수 농사를 많이 짓는 곳이다. 가을이 되어 수수가 익으면 동네가 온통 시뻘게져서 '붉으실불구실 마을'이라는 이름이 붙었다. 이 마을에 산 지 10년이 된 윤태일 농민은 2022년 수수 농사를 보며 기후변화를 실감했다. 한창 수수를 파종해야 하는 5월, 두 달간 비가 내리지 않자 비슷한 시기에 파종한 씨앗들이 가뭄 때문에 들쑥날쑥 올라온 것이다. 한 밭에서도 수확 시기가 한 달씩 차이가 났다. 수십 년간 수수 농사를 지어 온 동네 사람들도 이런 경우는 처음이라고 입을 모았다.

"요즘은 날씨를 종잡을 수가 없어요. 보통 열흘에 한 번 정도는 비가 오는 게 농사짓는 사람들에게는 규칙 같은 건데, 이제는 비가 석 달 동안 안 오다가, 한 달 동안 내리 오고, 또 두 달 동안 안 오다가 하잖아요. 60년씩 농사지은 어르신들은 날씨에 대한 감이 있어서 바람 부는 방향을 보고 비가 오겠다 예측을 하시는데, 지금은 그게 안 된대요. 비를 품은 것 같은 바람은 엄청 불어 대는데, 구름만 끼고 비가 오지 않으면 미치고 팔짝 뛰는 것이지요. 비가 올 것 같아서 파종할 준비도 다 해놓았는데, 비가 안 와서 시기를 놓쳐 버리는 경우가 허다해요."

윤태일 농민이 재배하는 복숭아의 경우 봄 가뭄은 큰 상관이 없다. 오히려 여름과 가을에 오는 비가 문제다. 2022년에는 봄내내 가물더니 한여름부터 가을까지 계속 비가 쏟아졌다. 수확 시기에 비가 많이 오면 복숭아는 농민들 표현으로 '작살난다'. 물러 터지고, 맛이 없어지는 것은 물론이고, 열매가 땅으로 다 떨어져 버린다. 단단한 사과도 가물다가 비가 많이 오면 물기를 한번에 먹어 갈라져 버리는데, 과육이 무른 핵과류인 복숭아는 피해가 훨씬 심하다.

생각보다 쉽지 않은 '생태적 삶'

수산면은 옛날부터 잡곡 농사를 많이 짓던 동네다. 약초나 고추 농사도 많이 지었지만, 날씨 때문에 고추 농사를 짓기가 점점 힘들어졌고, 약초도 중국산이 들어오면서 많이 접었다. 수수, 율무, 조, 콩 같은 잡곡을 주로 하다가 돈이 되지 않으니 10여 년 전부터 과수 농사로 많이 전환했다. 지금은 과수 농가가 50곳 정도 있다.

생태적 삶을 지향하며 이곳에 내려온 윤태일 농민이 가장 먼저 얻은 땅은 성목(자란 나무)이 자라는 복숭아밭이었다. 1700평 정도인데, 경사가 너무 심해 사다리가 설 수 없을 정도로 비탈진 땅이었다. 70세가 넘는 어르신이 홀로 지게를 지고 농사짓는 것을 보고 '나도 못할 것 없지'라는 생각으로 무턱대고 땅을 샀다고 한다. 처음에는 어르신처럼 낫으로 풀을 깎고, 소똥도 지게로 날랐지만, 힘들어서 도저히 지속할 수 없었다. 결국 예초기풀을 베는 데 쓰는 기계도 사고 운반기도 사고, 굴착기를 가져다가 골마다 길을 냈다. 석유를 쓰지 않는 농사를 짓겠다고 작정했던 결심이 무참히 깨진 순간이었다.

어쩔 수 없이 기계를 쓰게 되었지만, 농사는 최대한 생태적으로 짓고자 노력한다. 화학비료 대신 소똥 거름을 주고, 제초제도 안 치고 풀을 키운 다음 깎는 식으로 농사를 짓는다. 밭에 풀을 키우면 병충해도 잘 입지 않고, 과일 맛도 더 좋아진단다. 동네 사람들에게도 인정받아 자신의 농법을 따라 하는 사람이 한두 명씩 늘고 있다. 그럼에도 불규칙한 날씨로 발생하는 농작물 피해에는 어떻게 대응하느냐 물으니 영양제나 품종 개량은 해결책이 될 수 없다는 답이 돌아왔다.

"요즘에는 날씨 때문에 생기는 피해를 줄이는 데 필요한 영양제가 굉장히 많이 나와요. 해충이 발생하면서 치는 약도 많아졌고요. 겨울이 따뜻해지니까 옛날에 보지 못했던 해충이 많이 나오고 수도 더 많아졌거든요. 낙과에 좋다, 냉해나 동해에 강하다며 홍보하는데 저는 그런 걸 쓰지는 않습니다. 저도 처음에는 뭔가 해야 할 것 같아서 밭에 미생물제다 뭐다 이것저것 사다가 준 적도 있었는데, 효과가 크지 않은 것 같아요. 차라리 산에서 부엽토를 가져다가 뿌리는 게 나아요. 인위적으로 투입하는 것보다는 미생물이 살 수 있는 환경을 만들어 주는 게 더 낫습니다. 미생물이 단백질인데, 냉해 방지제도 아미노산 제제라서 성분이 비슷하거든요."

영양제뿐만 아니라 최근에는 기후 위기에 잘 견딘다는 신품종이 많이 나온다고 한다. 추위에 잘 견딜 수 있도록 대목접을 붙일 때 바탕이 되는 나무을 홋카이도에서 나오는 나무로 바꿨다며 자

나무와 함께 호밀을 키우는 '초생 재배'.

재상에서 파는 경우도 있는데, 효과가 있을지는 회의적이다. 원래 그런 식물이 아닌 이상 추위에 강한 품종이나 더위를 잘 견디는 품종을 만들 수 있을까? 냉해 피해를 막기 위해 꽃이 늦게 피는 품종을 인위적으로 만드는 일은 어렵다고 본다. 품종 개량이나 품종 다양화로 예측할 수 없는 기후에 대응한다는 것은 '달걀로 바위 치기' 같다는 게 윤태일 농민의 생각이다.

근본적인 해결책은 무엇일까

기후가 옛날 같지 않다는 건 모든 농사꾼이 피부로 느끼고 있다. 하지만 기후가 바뀌고 있으니 농민 스스로라도 그에 대한 대비책을 세워야 한다고 이야기할 수 있는 자리조차도 없는 것이 현실이다. 기존에 농사짓던 방식이 교과서처럼 굳어 있으니 어디서부터 어떻게 바꿔야 하는지도 막막하다.

"농민들한테는 '기후변화'처럼 어려운 이야기로 접근하면 안 됩니다. '기후변화 때문에 앞으로 이런 농사를 못 짓게 될지도 몰라, 20~30년 후를 대비해야 해' 하는 식의 거대 담론으로 이야기하면 '그때는 나

죽고 없을 텐데' 같은 답이 돌아와요. 대부분 환갑 이상 나이 드신 분들이니까요. 제 나이 또래의 젊은 귀농인도 '그럼 10년만 하고 말지' 대부분 이렇게 가볍게 넘기기 십상이지요. 제가 저희 영농 법인에서 조합원들이랑 이야기할 때는 '요새 날씨가 왜 이래' 하는 가벼운 화제로 시작해요. 그러다가 앞으로 정말 날씨가 어떻게 될지 모르겠다, 어떻게 해야 할까, 하고 말을 꺼내는 겁니다. 이제 시설로 가야 하나, 하고 말하면 다들 엄두도 못 내요. 이런 비탈에 어떻게 시설을 설치하겠어요. 그럼 저는 예측할 수 없는 날씨에도 작물이 견딜 수 있게 토양을 잘 만들어 보자, 농법도 한번 찾아보자고 이야기하지요. 농민들도 자기 작물과 직결된 부분에는 관심이 많습니다."

냉해가 그 어느 때보다 자주 온다는 사실을 인식하고는 있지만 이를 근본적으로 해결하기 위한 고민은 부족하다며 윤태일 농민은 답답함을 토로한다. 농민 대부분은 냉해가 오면 '아미노산 제제를 몇 번 쳐야 할까?'라는 식의 즉각적인 해결책을 따른다. 영농지도사와 원예 농협, 일반 농협에 있는 사람들이 모두 그런 식으로 이야기하니 농민들은 따라갈 수밖에 없다.
근본적으로 무엇을 바꾸어야 할지, 생각하는 대안이 있는지 윤태일 농민에게 묻자, 그런 대안은 전문가가 만드는 거라며 손사래를 쳤다. 자신도 뾰족한 대안은 없다면서도, 윤태일 농민은 평소 하던 생각을 털어놓았다. 지구적 관점에서 생각하기, 농사짓는 사람들의 기본적 생활 보장하기. 윤태일 농민이 생각하는 대안은 이상적으로 보이지만 한편으로는 단순하다.

"국가적으로도 농사를 농업이라고 부르잖아요. 우리도 더 이상 농부가 아니라 농업인, 농가 경영체이고요. 그러니까 자꾸 사람들이 농사로 돈을 벌려고 하는 겁니다. 농민들이 농사로 돈을 벌지 않아도, 농사만 지어도 먹고살 수 있게 해 준다면 여러 가지 문제가 한꺼번에 해결될 겁니다. 환경 문제도 그렇고요. 예를 들어 저탄소 농사를 짓는 사람에게 직불금을 준다면 잘 먹힐 것 같거든요. 직불금이라는 게 원래 소득 보전을 위해서가 아니라 농사의 공적인 가치 때문에 주는 거잖아요. 그런 의미를 좀 더 확장해서 지구를 살리는 최전선에 서 있는 농민들에게 먼저 혜택을 주면 좋을 것 같아요."

기후변화라는 거대 담론을 한참이나 이야기했지만 삶의 계획을 묻자 70대까지는 농사짓고 싶다는 소박한 답이 돌아왔다. 기후변화로 아무리 농사가 어렵다고 해도, 윤태일 농민에게 농사란 포기할 수 없는 삶의 즐거움 중 하나다.

"농사꾼들은 다들 땅 욕심이 있다고 하는데, 저는 농사꾼이 아닌가 봅니다. 원래 밭이 세 뙈기 있었는데 줄였거든요. 사실 저는 한 뙈기에서 나오는 수입으로도 충분해요. 그래도 지금 농사짓고 있는

3000평은 70대까지 유지할 수 있을 것 같습니다. 그러면서 앞에서 이야기한 문제나 마을에서 벌어지는 문제, 나 자신에 관련된 문제를 좀 더 깊이 생각해 보는 시간을 더 많이 가지고 싶어요. 농사를 지으면 명상을 하는 것처럼 잡념이 사라지고, 이것저것 생각해 볼 수 있어서 좋더라고요."

글
이다예

사진
이아롬
윤태일

감귤 × 제주 제주시 · 강순희

"우리 같은 소농은 앞으로 더 줄어들겠죠."

이제는 할 수 있는 일을 해야 할 때

2022년 11호 태풍 '힌남노9월 5일 상륙'와 '난마돌9월 18일 상륙'이 연이어 할퀴고 지나간 10월, 제주도 일부 지역에서는 백목련꽃과 벚꽃이 활짝 피었다. 강한 비바람을 맞은 봄꽃나무가 생존에 위협을 느껴 씨를 만들기 위해 강제로 꽃을 피운 것이다. 2022년 12월에 만난 강순희 농민도 가장 먼저 10월에 꽃이 핀 마당의 백목련 이야기를 꺼냈다. 그는 제주시 구좌읍 김녕리에 살면서 30년 가까이 친환경 농사를 지었지만 가을에 봄꽃이 만개한 것은 처음이라고 했다. 그해 육지에서는 장마가 길었지만, 제주는 가뭄이 심해 고생했는데, 뒤늦게 불어닥친 태풍은 비 대신 바람만 몰고 왔다. 강한 바람은 8월 초까지 예쁘게 올라오던 당근 싹과 무를 새까맣게 말라 죽게 했다.

"태풍이 오면서 뒷바람만 계속 불더라고요. 그러면서 바다 염분이 땅으로 날아오니까 당근과 무가 염분 피해를 입어 말라 죽기도 했어요. 제주 오름의 나무들도 낙엽이 지는 것처럼 새까만 잎을 떨구더라고요. 나무가 잎을 떨어뜨리고 나니까 꽃이 피었고요. 이런 상황을 계속 겪으면서 정말 심각하다고 느꼈습니다."

30년간 남편과 함께 농사지으며 '제주여성농민회'에서 농민운동을 해 온 농민은 기후 위기를 어떻게 받아들이고 어떤 계획을 세우고 있을까? 우리나라 최남단 제주도의 이야기가 궁금해 강순희 농민을 만났다.

아직은 제주에서 감귤을 키워야 할 때

제주도 어디에서나 모두 귤나무를 키울 수 있다고 생각하지만 강순희 농민이 사는 김녕리는 마늘과 양파를 단단하게 키울 수 있는 사질토모래질 흙라 귤이 아닌 마늘과 양파 주산지다. 그는 처음 귀농했을 때 시아버지, 남편과 함께 배추, 대파 농사를 크게 지었다. 1990년대까지만 해도 봄배추 농사만 지어도 농사철

생활비를 벌 수 있었지만 1990년대 후반 수입 개방이 되며 배추 한 포기가 500원도 안되자 어려워졌다.

시아버지가 돌아가시고 소득을 올리기 위해 500평 비닐하우스 한 동을 빌려 유기농 깻잎을 재배하기 시작했다. 처음에는 크기가 작다고 리콜도 당했고, 땅을 일구어 놓으면 쫓겨나기를 반복하며 15년간 이어 왔는데, 외부에서 날아온 농약이 검출되어 유기농 인증이 취소되었다. 그 때문에 2018년 깻잎 농사를 접고 감귤 농사를 시작했다.

제주도에는 외지인 소유의 감귤밭이 많은데 구좌읍 옆 성산읍에 그런 감귤밭 600평을 임대했다. 농지를 구매하면 '경자유전 耕者有田, 농사짓는 사람만이 농지를 갖는 것' 원칙에 따라 반드시 농사를 지어야 하는데, 대부분 용도 변경을 위한 투기 목적으로 구매하기 때문에 임대료를 받지 않고 무료로 밭을 빌려주는 경우가 허다하다. 그도 그렇게 감귤밭을 임대해 친환경으로 농사지어 '전국여성농민회총연합'의 직거래 플랫폼인 '언니네텃밭 여성농민 생산자 협동조합언니네텃밭'에 판매한다. 3년이 지나니 고정 고객이 생겼고, 11월부터 12월까지 두 달 정도 수확하면 가족도 먹고 판매하기 적당한 양이 된다.

"소비자는 작은 귤을 원하는데 친환경 귤은 큰 것도 나오고 그래요. 지난 4년 동안은 5~6월에 귤나무꽃이 피면 8~9월에 나무가 귤을 스

강순희 농민은 감귤밭을 임대해 친환경 노지 농사로 귤을 키워 '언니네텃밭'에 납품한다.

스로 떨어뜨리니까 자연 낙과 열매를 솎아 내지 않아도 적정 규모를 유지해 왔습니다. 그런데 올해는 이상하게 자연 낙과가 되지 않더라고요. 같이 농사짓는 남편하고도 왜 이럴까, 이야기해 보았는데, 올해는 유난히 가물어서 그런 것이 아닌가 싶어요."

감귤 같은 만감류는 시설에서 기르면 안정적이라 대출과 보조사업을 동원해 시설을 짓기도 하지만 자기 자본이 없는 가난한 농민에게는 여의치 않다. 조건이 되지 않아서 안 하기도 하지만 '시설에서 기르지 않아도 되는 농사까지 시설에서 하지 말자'는 신념 때문에 노지를 고집한다.

일각에서는 기후변화로 기온이 상승하며 감귤이 제주도에 맞지 않고, 이제는 아열대 작물을 길러야 하는 것 아니냐는 의견이 있지만 강순희 농민은 고개를 젓는다. 기온이 상승했어도 아직까지 노지에서 감귤을 키울 수 있는 곳은 제주도뿐이다. 아열대 작물은 제주도 서귀포시 남원읍을 중심으로 권하고 시도하는 문화가 있지만 하우스 온도를 30~40도까지 올려야 해서 에너지를 많이 써야 하고 농민들도 너무 덥고 습한 환경에서 일해야 한다.

"감귤 농사 가능 지역이 남해까지 올라갔어요. 재배 면적이 늘어나니까 제주 농민이 가격 피해를 볼 수는 있지만, 제주에서 귤 농사를 못 짓게 되지는 않을 것이라 생각해요. 아직은 육지에서 노지 감귤 재배는 어렵거든요. 게다가 아열대 작물은 수확이 많지 않고 농민들이 기술을 공유하지 않아 재배 농가가 잘 늘어나지 않습니다. 개인적인 생각이지만 아열대 작물은 수입해서 먹는 게 낫다고 생각해요. 우리나라에서 키울 수 없는 걸 수입하고, 우리나라에서 키울 수 있는 것을 소비하는 게 낫지 않을까요?"

고투입·대규모 농사가 지배적인 분위기에서 소농으로 버티기

강순희 농민은 귤 말고도 본인 소유의 500평 하우스 한 동에서 가온온도를 올리는 것 없이 레몬을 키우고, 노지 5000평을 추가로 임대해 채소 농사를 짓고 있다. 2014년 하우스가 깻잎에 적당하지 않아서 기르기 시작한 레몬은 향도 좋고 2월부터 11월까지 꾸준히 꽃이 피어 농민을 행복하게 해 주는 작물이다. 노지에서는 양파와 당근을 중심으로 15종의 채소를 기른다. 제주도에서 노지 5000평은 작은 규모로 여긴다.

거름 없이 척박한 환경에서 건강하게 기르는 강순희 농민의 친환경 귤.

"제주에서 법인을 낸 대농은 몇백만 평 이상 농사짓고, 친환경 농민도 2만 평 이상 농사를 짓습니다. 생계유지형 농민들은 거의 1만 5000평 이상 농사를 지어요. 관행농은 투입도 많지만 버리는 것도 많지요. 그만큼 쓰레기도 많고 크기나 색이 안 나오거나 팔리지 않아 버리는 작물도 많습니다. 그래서 처음에는 친환경 자재를 스스로 만들기도 했는데, 지금은 쓰지 않는 게 좋겠다고 생각해서 그조차 투입하지 않으려 합니다."

친환경 농사도 규모가 점점 커지는 요즘은 친환경 농사를 짓더라도 한꺼번에 많이 짓고 저장했다가 판매한다. 같은 친환경 농사를 짓는 농민이라도 강순희 농민은 소규모라 영농 법인에 납품하기 어렵다. 그래서 저장 없이 언니네텃밭에 제철로 판매하고 있다. 언니네텃밭에서는 사람들이 원하는 모양이나 크기가 아니더라도 판매할 수 있고 소비자도 크기와 모양이 품질과 맛을 보장하는 것이 아니라는 사실을 이해한다.

"귤은 거름 없이 척박하게 키워야 하는 작물인데, 거름을 많이 주니까 굉장히 커져요. 관행농에서는 이걸 다 땅에 버리거든요. 조금만 흠집이 나도 버리고요. 'B품'이라 부르는 농산물을 너무 많이 버리고 있어요. 게다가 규격에 맞게 키우려고 비료랑 농약도 많이 주고요. 탄소 배출 원인이 농민에게도 있다고 생각해요. 크고 예쁘게 만들어서 납품하고 못난 것은 다 버리도록 시장을 형성한 제도도 책임이 있지만요. 30년 동안 어느 순간 그렇게 짓는 농사가 바람직한 농사라는 인식이 형성되었어요. 이런 인식이 바뀌어야 합니다."

그는 활동하는 제주여성농민회 회원들과 '농사짓기 어려워졌다', '기후 위기에 피해를 보는 사람은 우리 농민이다'라는 이야기를 많이 나누고 있다. 하지만 농산물이 팔리지 않을까 두려워 비료와 농약을 주는 농사를 스스로 그만둘 생각을 하지 못하는 것에 대해서는 아쉬움이 크다. 이제는 이야기만 나누는 것만으로는 아무런 도움이 되지 않는다고 생각한다. 여성농민회가 아닌 농업기술센터나 농업기술원에 제안하고 논의를 확장해야 조금이라도 달라지지 않을까 하는 마음에 조급해진다.

"어르신들이 70대까지는 농사를 짓다가 80대부터는 그만둡니다. 2000평 농사를 짓던 분들이 빠지고 나면 농민은 늘어나지 않지만 투기를 목적으로 농지만 가지고 있는 가짜 농민이 더 늘어나겠지요. 그렇다면 대규모로 농사짓는 농민들이 그 땅을 쓸 것이고, 우리 같은 농민은 소수가 될 겁니다."

기후 위기와 관련한 농업 현실과 전망 모두 비관적이지만 그래도 그는 적당한 규모의 친환경 농사를 포기하지 않을 생각이다.

그나마 다행스럽게도 제주도에는 친환경으로 농사지으려는 꿈을 가진 청년들이 많이 유입되고 있다. 자신과 같은 농민이 소수여도 함께 손잡고 작은 희망이라도 찾겠다는 의지로 가득하다. 지금은 '할 수 있는 일은 뭐라도 해야 할 때'니까.

글
이아롬

사진
김만호

축산

축산은 "가축을 길러 생활에 유용한 물질을 생산하는 일"이다. 그 결과 꿀이나 우유, 달걀 같은 생산물을 얻기도 하지만 양돈이나 육계처럼 도축과 가공을 거쳐 고기를 공급하기도 한다. 사육 두수가 급격히 늘어나면서 식탁에서 일상적으로 고기를 접할 수 있다. 우리나라 농업이 대부분 그렇지만 축산이야말로 우리 사회의 문제점을 적나라하게 확인할 수 있는 분야다.

도시 사람들은 느끼기 어렵지만 2000년대 후반부터 우리나라는 일상적인 가축 전염병 시대를 살고 있다. 그 때문에 겨울마다 발병과 매몰이 반복된다. 전염병이 발생하면 가축만 이동에 제한을 받는 것이 아니다. 가축 농가뿐만 아니라 주변 농가도 불편을 겪는다.

무엇보다 심각한 것은 일상적인 가축 악취다. 가축 분뇨는 오래전에 개별 농가가 감당할 수 있는 양을 넘어섰다. 혹자는 축산 농가의 생존을 이야기하지만 그렇게 말하기에는 너무 대형화되었다. 이런 결과는 대형화를 지원한 정부뿐만이 아니라 일상적으로 육식을 즐기는 소비자에게도 책임이 있다.

이런 와중에 소규모 농가는 가중되는 생산비 증가 때문에 도태되고, 대응 가능한 대규모 농가는 몸집을 더 부풀리고 있다. 무엇보다 축산 부문의 문제는 기업화다. 양계는 이미 기업에 종속되어 있으며, 양돈도 많은 부분 종속화가 이루어졌다. 민원과 생산비 증가, 소득 감소는 농가에서 감당하고 있지만, 사료·도축·가공·유통 기업은 안정적으로 운영하면서 많은 수익을 올리면서도 농가의 어려움은 외면하고 있다.

기후 위기의 주범은 축산이라는 이야기가 많다. 하지만 정작 해당 농민을 만나면 그렇게 쉽게 말할 수 없다는 사실을 실감한다. 최근 양봉은 집단 폐사로 어려움을 겪고 있고, 일상적인 사룟값 상승은 축산 농가 대부분이 겪는 어려움이다. 주변 시선은 극도로 나빠졌다. 하지만 소비자 대부분은 동물 복지에 신경 쓰라고 말하면서도 싼값에 질 좋은 고기를 생산하라고 요구한다. 그들의 이야기가 기후 위기 시대 축산의 현실뿐만이 아니라, 우리 자신을 돌아볼 수 있는 계기가 되기를 바란다.

유제품 × 충남 홍성군 · 신준수

**"축산업이 환경에 미치는 영향을 알지만
가업을 접을 수는 없잖아요."**

환경이냐 생계냐, 축산 농가의 딜레마

기후 위기와 농업을 둘러싼 논의에서 축산은 뜨거운 감자다. 사육 두수는 한계를 넘어선 지 오래고, 축산 분뇨는 개별 농가는 물론이고, 농지가 수용할 수 있는 수준을 넘어섰다. 그뿐 아니라 시골은 일상적인 축산 악취와 더불어 살고 있다.

소위 전문가들은 가축 분뇨는 대형 바이오플랜트로, 메탄 발생은 저메탄 사료로 해결하자고 말한다. 갖가지 통계 자료와 다양한 수치, 현장의 사례가 근거로 제시된다. 하지만 현실은 그렇게 단순하지 않다.

축산 농가는 기후 위기를 어떻게 생각하며, 축산이 기후 위기의 주범이라는 말을 어떻게 생각하고 하고 있을까? 2001년부터 충남 홍성군 홍동면에서 평촌목장을 운영하고 있는 신준수 농민을 만나 이야기를 들어보았다. 신준수 농민은 유기농 조사료粗

飼料, 건초나 짚처럼 지방, 단백질, 전분 따위의 함유량이 적고 섬유질이 많은 사료를 직접 재배하며, 가족과 함께 젖소 70여 마리를 돌보고 있다.

평촌목장은 일반적인 낙농가와 달리 요구르트만 생산한다. 2000년대 초, 우유 파동이 일어나 '우유 쿼터제우유량을 제한하고 그 이상의 우유를 받아 주지 않는 제도'가 시행되면서부터 요구르트를 생산하게 되었다. 소를 많이 키워서 많이 생산하고 판매해야 수익이 나는데, 그 길이 막히다 보니 다른 방식을 모색할 수밖에 없었다. 2004년부터 요구르트 공장을 작게 지었고, 생산한 요구르트는 지역 유통망을 통해 생협에 납품했다. 2008년에는 유기농 사료로 전환해 유기 낙농을 시작했다.

"2000년대 초까지 일부 밭농사와 들판의 논만 친환경이었어요. 농약이나 화학비료를 전혀 사용하지 않은 곡물이나 풀을 소한테 먹이는 게 유기 축산인데, 상당히 어려운 일이었습니다. 우유를 1리터당 5만원 정도는 받아야 할 정도로 생산비가 높으니까요. 국산 유기농 곡물이나 풀을 소에게 준다는 건 당시 국민 정서상 맞지 않았지요. 그러다 2006년에 '내가 유기 농산물을 취급하는 단체에 납품하는데 이걸 어떻게 팔 수 있겠나' 하는 생각이 들더라고요. 마침 그즈음 수입 유기농 사료도 들어오고, 유기 축산 인증을 받은 목장도 생겨서 저희 목장도 유기농 사료를 쓰기 시작했습니다."

오르는 사룟값, 뜨거워진 여름

소는 초식동물이다. 소를 떠올리면 거친 풀을 되새김질하는 이미지를 쉽게 상상할 수 있다. 그만큼 소는 많은 풀을 먹는다. 신준수 농민은 '아마 우리나라 면적에 풀을 다 심어도 소가 먹을 풀이 부족할 것'이라고 말한다. 평촌목장도 3만 평이나 되는 넓은 땅에서 소 먹이용 풀을 키우고 있지만, 이 정도로도 70여 마리의 소를 먹이기는 역부족이다. 풀을 열심히 생산해도 소가 먹는 양의 30퍼센트 정도만 자급할 수 있어 나머지는 수입산 유기농 건초를 사용한다.

소에게 풀을 안정적으로 먹이기 위해서는 날씨가 따라 주어야 하는데, 우리나라 기후 환경은 낙농과 잘 맞지 않는 편이다. 봄가을에는 보리나 호밀 등을 심고, 여름에는 옥수수나 수단그라스를 심는데, 우리나라는 여름에 뜨겁고 습해 심을 수 있는 풀이 제한적이다. 겨울에 먹이는 풀을 저장하기 위해서는 풀을 수확하는 시기에 건조해야 하는데, 그렇게 하지 못하는 상황도 문제다. 본인의 농지에서 생산한 풀을 충분히 주고 싶은 그에게 지금과 같은 종잡을 수 없는 날씨는 원망스럽기까지 하다.

"지금 기르고 있는 홀스타인종이 우유 생산량은 가장 많지만, 생산량이 많은 만큼 많이 먹어요. 그래서 풀 재배와 사룟값이 가장 큰 고민입니다. 최근에 사룟값이 올라서 풀 한 포기라도 더 심어야 하는데, 날씨가 따라 주지 않으니 더 힘들었어요. 이론적으로 풀 재배는 봄에 한 번, 가을에 한 번 하는데, 운이 좋으면 삼모작까지 가능해요. 작년 봄에는 비가 너무 많이 와서 파종을 못했는데, 올해 봄은 비가 안 와서 문제였습니다. 그래서 소가 많이 먹으면 마음이 힘들어요. 올해는 국내산 조사료, 수입 조사료랑 사룟값도 계속 올라서 어렵다 보니까 비 오기 전까지는 하늘만 쳐다보았지요. 사룟값은 러시아-우크라이나 전쟁 때문에 올랐는데, 따지고 보면 다 얽혀 있습니다. 기후 문제도 있고, 소가 먹을 사료를 바이오 에너지 생산과 나누니까 가격이 올라가는 것도 있지요. 사룟값 때문에 저희도 얼마 전에 가격을 올렸어요."

신준수 농민에게 기후 위기는 상승한 사룟값뿐만 아니라 뜨거워진 여름으로 체감된다. 이전보다 훨씬 더워진 여름에 온도를 낮추려고 축사에 물을 뿌리고 선풍기를 틀기도 하지만 임시방편일 뿐이다. 새끼 낳는 시기를 조절하고, 우유량이 줄어드는 것을 받아들이는 수밖에 없다.

"여름에는 어쩔 수 없어요. 그 상황을 받아들이고 소가 적게 먹고 우유를 적게 만들어도 살아 있는 것만으로도 감사하다 생각해요. 소

유기농 조사료로 키우는 평촌목장의 젖소.

가 새끼를 낳으면 우유가 나오는데, 한두 달 정도 될 때가 피크입니다. 그러다 서서히 우유량이 줄거든요. 그런데 6~7월에 새끼를 낳아서 가장 더울 때 피크가 된다면 위험해요. 그때는 소가 죽기 쉬운데 우유를 생산하겠다고 곡물 사료를 더 먹이면 문제가 생기지요. 그 시기에 새끼를 낳지 않도록 조절하고, 더우면 소들이 덜 먹게 되니 우유가 줄어드는 것을 자연스럽게 받아들여야 해요. 9~10월에 임신시키지 않으면 혹서기에 분만하는 것을 피할 수 있어요. 우유가 덜 나오면 덜 팔아도 괜찮은 소비구조를 만드는 것이 작은 것을 추구하는 목장의 방식입니다."

축산과 환경, 계속되는 고민

신준수 농민은 지역에 있는 풀무농업고등기술학교에 다니면서 어렸을 때부터 축산업과 관련한 문제를 귀에 피가 나도록 들어왔다. 그래서 농대에 진학할 때도 축산학과에 지원하지 않고 식량자원학과에 갔다. 지금도 축산이 기후 위기에 영향을 미친다는 생각에는 변함이 없다. 축산업에 대한 근본적인 회의감을 가지고 있지만 그렇다고 가업을 접을 수 있는 상황도 아니라서 신준수 농민은 늘 딜레마에 빠져 있다.

"매일 밭에서 트랙터 몰고 먼지 일으키고 다닐 때면 일반적인 관행 농이나 다름없다는 생각이 들 때도 있어요. 축산 자체가 환경에 좋지 않다고 생각하지만 그래도 누군가는 친환경적으로 생산한 우유나 요구르트를 먹고 싶을 수도 있잖아요. 이 일을 계속하는 게 맞을까, 하루에도 그런 고민을 몇 번이나 하며 살고 있습니다. 그나마 최근에 최선은 아니라도 찾은 해답이 있습니다. 제가 축사를 그만두면 다른 사람이 이 자리에 들어와서 항생제를 마구 쓰면서 밀식해 키울 텐데 그렇게 될 거라면 제가 정해진 축사 면적 안에서 몇 마리라도 덜 키우면서 더 친환경적인 방식으로 소를 돌보는 것이 낫지 않겠나, 하는 생각이 들더라고요. 우유가 덜 나와도 계속 데리고 살면서 동물 복지에도 더 신경 쓸 수 있고요."

마음은 친환경적인 걸 더 쓰고 싶지만, 현실적으로 어려운 부분도 존재한다. 요구르트를 담는 용기도 플라스틱이 아닌 소재를 쓰고 싶어도 현실적인 벽에 부딪혀 고민만 계속하고 있다. 처음에는 유리병을 사용했지만 유통 중 깨지는 경우가 많고 비용도 많이 들어 결국 비닐 파우치와 플라스틱 용기를 쓰게 되었다. 종이 팩도 시도해 보았지만 잘 맞지 않았다. 워낙 소규모이다 보니 포장 용기를 바꾸는 게 쉽지 않다.

"세계 어디나 마찬가지겠지만 대도시 위주로 발전하다 보니 친환경, 특히 로컬을 생각하기 힘들어졌어요. 여기서 아무리 좋은 방법으로 뭔가를 생산해도 서울 사람들에게 팔지 않으면 누구도 살아남지 못하는 거죠. 예전에 독일인 손님이 다녀가셨는데, 그분이 '한국에서는 친환경 제품을 이렇게 담아도 팔리냐'고 묻는 거예요. 속으로 뜨끔하기도 했는데 먹는 사람이 싫다니까 고민이 많아지지요."

마지막으로 정부가 추진하고 있는 저메탄 사료나 스마트 축사 같은 온실가스 감축 정책에 관한 생각을 묻자 다음과 같은 답이 돌아왔다.

"지금은 사물인터넷IoT 기술을 비가 오면 천막이 자동으로 내려가게 하거나, 시간 되면 사료를 주는 정도로 활용하는데, 그 이상이 가능할까요? 저는 탄소 배출 문제를 업계랑 상의하면 안 된다는 입장입니다. 물론 그들의 이야기도 들어야 하지만 축산업 하는 사람은 돈을 벌어야 하니까 그들에게만 물어본다면 이익을 우선으로 생각해 이야기하겠지요. 그렇다면 제대로 된 방향으로 가겠어요? 어느 정도는 규제를 가할 수 있는 주체가 다양한 이해관계가 있는 주체와 동등한 입장에서 대화하면서 만들어 가야 한다고 생각합니다."

신준수 농민은 소에서 발생하는 메탄에 대해 "생산량이 줄어드는 것을 받아들이고 소를 덜 먹이는 게 최선"이라고 말한다. 덜 나오면 덜 나오는대로, 소의 건강을 최우선으로 생각하며 조금이라도 친환경적으로 소를 키우기 위해 노력하는 것. 특별할 것은 없지만 이것이 바로 기후 위기에 적응하는 평촌 목장의 방식이 아닐까.

글
금창영

사진
이아롬

한우 × 전북 완주군 · 박일진

"기후 위기를 부추기는 축산 기업화,
정의로운 전환으로 해결해 나가야죠."

사육 두수 감축은
축산 부문 온실가스 감축을 위한 최우선 과제

기후 위기 시대, 축산업을 향한 시선이 예전 같지 않다. 축산업이 기후를 비롯한 환경에 미치는 부정적 영향이 크다는 인식이 퍼졌기 때문이다. 육류 생산 과정에서 상당한 양의 온실가스를 배출할 뿐만 아니라, 축산 분뇨에서 나오는 폐수는 강이나 바다를 오염시키기도 한다. 특히 현대에 늘어난 육류 수요를 충족시키기 위해 여러 가축을 밀집해서 사육하는 공장식 축산은 동물권 측면에서 많은 비판을 받고 있다. 축산 농가는 이런 상황을 어떻게 보고 있을까. 다양한 시각과 해법이 있겠지만, 축산 사육 두수를 줄이자고 주장하는 농민도 존재한다. 얼마 전까지 완주한우협동조합 이사이면서 대통령 직속 농어업농어촌특별위원회이하 농특위 경축 순환 TF 단장으로 활동한 바 있는 박일진 농민이다.

사육 규모를 줄이자는 농민

'경축 순환'이란 가축 분뇨를 논밭 농사에 이용하고, 논밭에서 나오는 부산물로 가축을 기르는 방식을 가리킨다. 농업과 축산업의 부산물을 농축산업 내에서 모두 활용해서 환경과 생태계 보전에 기여하는 방식이다. 그런데 박일진 농민은 경축 순환의 의미가 훼손되었다며 본래 취지를 살리기 위한 방안을 농특위에 제안했다.

"경축 순환은 2012년부터 축산 분뇨의 해양 투기가 금지되면서 바다에 투기하던 것을 육지로 투기하며 포장한 용어라 사실상 의미가 훼손되었어요. 그래서 3년 전 농특위에 들어가면서 '지역 자원 기반 토양 양분 관리제이하 토양 양분 관리제'로 경축 순환의 본래 취지를 찾고, 해당 시군에서 배출한 것은 해당 지역에서 책임지게 하자고 제시했지요."

토양 양분 관리제는 토양 등의 환경을 보호하기 위해 가축 분뇨의 퇴비, 화학비료 등 양분질소와 인의 투입과 처리를 지역별로 환경 용량 범위 내에서 관리하는 제도를 가리킨다. 이러한 토양 양분 관리제를 제대로 시행하려면, 축산 사육 두수를 적정한 수준으로 줄여야 한다. 과거 규모가 컸을 때는 한우 60두를 키왔다는 박일진 농민은 주변 농민을 설득하기 위해 자신부터 축산 규모를 줄이기 시작했다. 현재는 30두에서 10퍼센트 더 줄인 27두를 유지하고 있다.

"환경부는 토양 양분 관리제를 환영했어요. 그런데 농림부가 지역 시군에 책임을 부과하는 일에 소극적이었습니다. 홍성은 전국적으로 양분 수치가 높은 곳인데, 지하수 질산염 기준이 리터당 200밀리그램까지 나와요식수 기준 리터당 10밀리그램. 그래서 '적정 사육 두수' 개념을 제시하며 사육 두수 감축 내용을 담았습니다. 축산계도 '적정 사육 두수를 관리하자'고 합의했지만 사육 두수 규모를 얼마로 하느냐에 대해서는 아직 논의하지 않았지요."

하지만 사육 두수 감축 문제에 관해서는 정부 내에서도 입장이 갈리고 있다. 농특위에서는 규모를 줄이려고 했지만, 정작 농림부는 축산 규모를 늘려야 한다는 입장이다. 이유가 무엇일까? 박일진 농민은 농림부가 기업화된 축산업계의 이해를 대변하고 있다고 본다.

"축산 농가를 자세히 들여다보면 축산은 기업이 거의 좌지우지하고 있어요. 대표적인 게 위탁입니다. 농가에 월급을 주고 키우게 해서 가져가는 방식이 있고, 두 번째는 지분 출자로 축사를 공동으로 소유하는 형태가 있어요. 기업이 51퍼센트를 투자하고, 농가가 49퍼센트를 가져가는 구조입니다. 모니터링해 보니까 또 다른 방식이 있었어요. 기업이 출자해서 영농 조합 법인이나 농업 회사 법인을 만드는 겁니다. 그러면 이게 기업으로 드러나지 않아요. 영농 조합 법인은 농민에게 주도권이 있다고 보니까요. 그들이 대규모화를 주장하니까 농림부 입장에서는 눈치를 볼 수밖에 없지요."

기업화한 축산업의 문제

박일진 농민은 현재의 축산 방식을 두 가지로 구분한다. 하나는 기업이 직접 들어와서 사육하는 '축산 기업' 형태이고, 다른 하나는 개별 농가가 기업형 규모로 커진 '기업 축산' 형태다. 위장된 사육 방식까지 포함할 경우 전체 축산 중 50퍼센트가량이 기업 소유 농장이라고 본다. 사료 생산부터 도축·가공·유통까지 전 과정을 통제하고 조절하는 기업은 일반 농가와는 전혀 다른 방식으로 움직인다.

"닭 한 마리에 2000원은 받아야 하는데 1500원을 받으면 농가는 적자가 납니다. 그래서 닭 농가 중에 야반도주한 사람, 자살한 사람도 많아요. 농가는 생산이 유일한 돈벌이 수단입니다. 기업은 생산 하나만 있는 게 아니니까 가축 수가 많으면 많을수록 이익이지요. 그동안 가격이 떨어지면 공급을 줄이기 위해서 사육 두수를 줄여 가는 것이 농가들이 취해 온 방식이었는데, 기업이 생산에 참여하면서 이 틀이 깨졌어요. 그 과정에서 더 많은 농가가 망했고 그걸 기업이 인수하게 되었지요."

박일진 농민에 따르면, 이런 방식으로 양계는 90퍼센트 이상, 돼지는 50퍼센트 정도가 기업화되었다고 한다. '축산 계열화 사업에 관한 법률'에 따르면, 계열화 가능한 축종은 돼지·닭·오리·염소, 이렇게 네 가지다. 계약 사육 농가에 가축과 사료 등 사육 자재를 공급해 가축을 사육하게 하고, 사육된 가축이나 생산된 축산물을 계약 사육 농가로부터 다시 출하받는 사업 방식을 축산 계열화 사업이라고 한다. 소는 계열화 사업을 금지시켰지만 한우의 10퍼센트 정도가 계열화되어 있다는 게 박일진 농민의 입장이다. 그는 200두 전업농의 경우 '생계형 농가'로 국가가 보호하고, 그다음으로 준기업농, 기업농으로 구분할 것을 제안한다. 준기업농부터 정부 지원을 끊고 자기 책임하에 운영하게 해야 한다고 말한다. 그는 사육 두수 감축 논의가 어려운 이유는 그 뒤에 있는 기업 때문임을 강조한다.

"사육 두수 감축 논의가 지지부진한 이유도 따져 보면 뒤에 기업이 버티고 있기 때문입니다. 기업의 첨예한 이해관계가 걸려 있는 문제이기 때문에 축산은 기업이랑 논의를 하지 않을 수 없어요. 영향력을 가장 강력하게 행사하고 있지요."

축산의 정의로운 전환

기후 위기 시대, 농축산업의 지속 가능성을 확보하기 위해서는 기업의 이윤 논리를 넘어서는 전환의 그림을 그려야 한다. 과연 사육 두수를 얼마나 감축하고, 어떻게 실행해 옮겨야 할까. 2030년에는 2018년 대비 사육 두수를 20퍼센트 줄이고, 2050년에는 40퍼센트까지 줄여야 한다는 게 박일진 농민의 의견이다. 그래야 사료곡물 생산, 분뇨, 온실가스 모두가 줄어들 수 있다는 것이다. 그는 "사육 두수를 늘려 가면서 온실가스를 감축하겠다"는 식의 정부 논리를 비판한다.

"늘어나는 곡물 사료 수요를 감당하려면 산림을 훼손해서 농지를 만들어야 하는데, 이는 전혀 고려하지 않고 있습니다. 온실가스 감축

축사에서 소에게 여물을 주고 있는 박일진 농민.

에는 도움이 될지 몰라도 기후 위기는 극복할 수 없습니다. 정말 안이한 대응이지요."

사육 두수 감축을 위해서는 이해관계 당사자들을 설득해야 한다. 박일진 농민은 국민과 축산계 두 곳을 설득해야 한다고 본다. 첫째 국민이 대상일 경우 정부가 단백질을 차질 없이 공급하겠다는 목표를 보여 주어야 한다. 박일진 농민은 육류를 대체할 단백질원, 즉 곤충, 배양육, 식물성 단백질에 관한 연구가 필요하고, 국가 단백질 공급 목표를 세워 육류 50퍼센트, 대체 단백질 50퍼센트를 제시해야 한다고 말한다. 둘째는 축산계를 설득해야 한다. 사육 두수를 감축하면 축산 생산액이 절반 정도로 줄어들 텐데, 축산계 종사자가 먹고살 수 있는 길이 마련되어야 사육 두수 감축에 동의할 것이기 때문이다.

"우리나라 대체육 시장은 대부분 CJ, 농심, 신세계 등 5개 대기업이 장악하고 있는데, 이는 정의로운 전환에 도움이 되지 않아요. 축산 기업에 대체육을 만들라고 열어 주어야 합니다. 농가에게는 사육 규모를 줄이면 경영 문제가 생기니 경영 지원을 해 주고, 축사를 폐업할 경우 해 보고 싶은 사람들에게는 대체 단백질로 사용할 곤충 사육 시설을 축사에 설치할 수 있게 하면 좋지 않을까요? 이런 방식으로 전환형 일자리가 생겨난다면 이것이 정의로운 전환이지요. 일방적으로 줄이라고 하는 것이 아니라 기회를 주어야 합니다."

육류의 생산과 소비가 줄어들어 생긴 자리를 어떤 식품과 어떤 일자리로 대체할지, 많은 사회적 논의가 필요한 지점이다. 그럼에도 기후와 환경을 위한 축산업의 전환은 기존에 축산업으로 '먹고살던' 농민들의 삶을 보장해 주는 일과 병행되어야 한다. 아울러 점점 이윤의 논리로 먹을거리 생산과 유통을 장악해 가는 기업의 논리를 넘어서는 것도 성공적인 전환을 위해 중요한 과제다. 기후 위기 시대, 축산업의 '정의로운 전환'이 어떤 모습이어야 하는지 적극적으로 고민해야 하는 이유다.

글
황인철

사진
박일진

돼지 × 충북 증평군·연명석

"사룟값 상승, 기후변화, 농민만 온몸으로 겪고 있죠."

'생산비 상승'으로 겪는 기후 위기

2021년과 2022년은 사룟값이 한 해에 두세 차례씩 올랐다. 〈한국농어민신문〉 2022년 2월 25일자 기사에 따르면 양돈 사룟값은 1년에 1킬로그램당 200원이 인상되어 사육 평균 농가가 사용하는 월 100톤 기준으로 2000만 원 이상의 생산비가 상승했다. 원료 대부분을 수입에 의존하는데, 2021년 하반기부터 주요 원료 수급 지역인 미국, 브라질, 다른 남미 지역에서 라니냐 현상(동태평양의 적도 지역에서 저수온 현상이 5개월 이상 일어나 생기는 이상 현상)으로 작황이 좋지 않을 것이라는 관측 때문에 원료 가격이 상승했고, 금리 인상, 러시아·우크라이나 전쟁도 곡물 가격을 높이는 데 한몫했기 때문이다.

충북 증평군에서 돼지 3000마리를 기르는 연명석 농민을 만난 2022년 9월에는 2021년까지 1킬로그램당 500원대이던 사룟값이 890원까지 뛰었다. 그의 설명에 따르면 "농장의 매출을 10억 원으로 잡으면 7억~8억 원이던 사룟값이 2억 원 정도 상승한 상태"다. 사룟값이 오르는 만큼 고기 가격이 오르는 것은 당연하지만 1킬로그램당 4200원에서 5000원으로 올랐다. 사룟값을 반영하면 30퍼센트 정도 올려야 하지만 20퍼센트에 조금 못 미치는 인상 폭이다.

돼지는 출하할 때마다 가격이 다르다. 돼지에서 뼈와 피, 장기를 빼고 남은 고기를 '지육률'이라 하는데, 통상적으로 돼지 무게의 60~70퍼센트를 지육률로 친다. 계약 조건이 좋으면 72~73퍼센트로 치기도 한다. 지육률 1퍼센트에 몇천만 원 차이 나는 게 양돈이라 증평군은 '홍삼포크'라는 브랜드를 만들어 비슷한 계약 조건을 유지하고 있다.

돼지는 여름에 날씨가 더워서 사료보다 물을 많이 먹기 때문에 무게가 더 나간다. 그래서 농가에서 '물돼지'라 부르는 여름 돼지의 고기 가격은 좋은 편이다. 몸이 큰 것 같아도 무게가 많이 나가지 않는 겨울 출하 돼지는 야물지만 크리스마스 시즌을 제외하고는 가격이 좋지 않다. 그는 과거 여름 휴가철에 피서 가서 삼겹살을 구워 먹던 문화가 남아 있어 여름철 돼지고기 가격이 좋은 것도 있지만, 코로나19 이후로 이런 가격 변동 사이클도 사라지고 있다고 말한다.

"양돈 가격을 생각하면 굉장히 답답한데, 아무도 몰라요. 양돈 전문가도 항상 틀린다니까요. 10퍼센트 정도는 움직일 수 있는 구간이 있으니까 가격이 좋을 때 더 많이 출하하고 싶은데 이제는 그런 가격 사이클을 점검하는 일 자체가 무의미해졌어요."

기본적으로 농사는 가격에 민감하지만 축산은 특히 높은 비용을 투자해야 하는 분야라 가격에 더 민감하다. 1킬로그램당 사룟값이 300원 오르면 연 생산비가 2억 원 오르는 분야가 바로 축산이다.

사룟값 말고도 산 넘어 산, 양돈 농가가 힘든 이유

연명석 농민은 먼저 양돈을 시작한 아버지의 영향으로 농업대학 축산학과에 입학했다. 아버지 농장에서 후계농업경영인으로 3년간 일했고, 다른 농장에서 3년 더 일하고 나니 아버지랑은 영농 방식이 달라 축사를 분리하고 싶었다.

그때 아는 아저씨가 본인의 농장을 보증금 2000만 원에 월 150만 원을 조건으로 임대해 주겠다고 권해 창농을 시작했다. 3년

퇴비를 뒤집는 연명석 농민의 자녀. 농가 소득만으로는 충분치 않아
밭을 임대해 농사도 짓고 돈분을 이용한 퇴비를 만들어 판매하기도 한다.

이 지나고 나니 원래 농장주는 따로 있고 자신은 '임대의 임대의 임대'임을 알게 되었다. 농장주와 다른 사람, 아는 아저씨 세 사람이 임대료를 각각 50만 원씩 나누어 받고 있었다. 그 사실을 알게 된 군 축산과에서 농장주 직접 운영이 아니라면 농장을 폐쇄하겠다 통보했고, 거래하던 사료 회사에서 직접 농장을 인수하라며 당시 농장 가격인 4억5000만 원 어음을 끊어 주었다. 자신의 농장이 되자 그는 농협에서 2억 원을 대출받아 낡고 문제가 많던 부분을 보수했다. 그는 스물아홉의 나이에 6억5000만 원의 빚을 지게 되었다.

"많은 축산 농장이 제가 운영하는 농장처럼 자본 잠식자기 자본이 자본금보다 적은 상황이 되어 있어요. 지금 사료 회사의 파워는 어마어마합니다. 돼지 농장을 하다 보면 운영이 어려워질 때가 있는데, 그때 돈을 가장 잘 빌려 주는 곳이 사료 회사입니다. 경영비의 70~80퍼센트가 사룟값이다 보니 농민들이 가장 많이 빚진 곳도 사료 회사고요. 제 농장이 4억 원인데, 내년에 5억 원에 다른 농민에게 매매한다면 그 사람도 사료 회사에서 대출을 받아 살 겁니다. 그 작업을 몇 번만 더 하면 금방 10억 원을 벌어요. 하지만 농장 값이 계속 오른다 해도 농민들은 그 돈을 못 가져요. 사료 회사에 그만큼 빚이 있으니까요. 사료 회사는 서류 작업만 하면서 돈을 버는 겁니다. 이 작업이 바로 계열화입니다."

그는 돼지를 사육하는 동안 2012년부터 2014년까지 구제역을 겪었다. 첫해에는 피해액을 전액 보상해 주었지만 다음 해에는 20퍼센트가 삭감되었다. 그다음 해에는 "구제역으로 지방 재정에 문제가 있다"며 삭감할 명분을 만들었다. 소독기록부 관리 대장을 쓰지 않으면 삭감하고, 불법 외국인 노동자를 고용했다면 또다시 삭감하는 식이다. 그렇게 삭감액이 쌓여 이웃 농가는 40퍼센트만 보전받았다. 그 농가는 결국 부도가 났다. 주변에서 그런 일이 생기면 농가에서는 전염병이 발생해도 신고를 하지 않게 된다. 이후 아프리카돼지열병이 유행하며 '농장 주변으로 울타리를 설치하라'는 지침을 받고 울타리 설치에 큰돈을 들였다. 냄새가 난다는 민원도 축산 농가의 어려움 중 하나다. 민원이 들어오면 공무원이 냄새를 포집하지만 막상 수치가 잘 나오지도 않아서 민원인과 농가, 공무원 모두 고통받는다. 연명석 농민을 비롯한 주변 축산 농가에서도 정부의 지침대로 3억 원 넘게 들여 냄새 저감 시설과 악취 포집 장치를 설치했다. 그 사이 빚은 10억 원으로 불어났다. 농가 나름대로 개선하기 위해 큰 투자를 했지만 별 효과는 없었다. 사정이 이러니 다른 방향으로라도 소득을 다각화하기 위해 밭을 빌려 깨 농사를 짓기도 하고, 퇴비를 만들어 판매하기도 한다. 하지만 농장 하나를 유지하는 데 역부족이다.

"냄새 문제 해결을 위해 고민하고 있고 내가 할 수 있는 범위 내에서 개선할 의지도 있지만 '네가 다 알아서 해'라는 식이라 가끔 억울하기는 해요. 그런데 모든 농업이 다 이래요. 농민만 온몸으로 맞아요. 이 시스템에는 문제가 있습니다."

환경이냐 소득이냐, 농가는 혼란스럽다

'기후 위기에 관한 정부 간 협의체IPCC' 보고서에서는 전 세계 온실가스 배출량 중 식품 부문이 21~37퍼센트를 차지하며, 이 중 절반 이상이 축산업에서 나온다고 보았다. 이에 네덜란드는 2030년까지 가축의 30퍼센트를 줄이겠다고 결정했다. 국내 농림축산식품부도 2030년까지 축산 분야 온실가스 30퍼센트 감축을 목표로 저메탄 사료 개발과 보급, 가축 분뇨 처리 다양화, 사육 밀도 관리를 발표했다.

그렇다면 축산 농가의 입장은 어떨까? 이전까지는 농장에 팬만 돌려도 온도를 조절할 수 있었지만 지금은 안개 분무를 추가했다. 이는 곧 투자를 의미하며, 생산비 상승을 초래한다. 앞으로 날씨가 더 더워지면 새로운 투자를 해야 할지도 모른다. 사룟값

연명석 농민은 팬을 돌리고 급여하는 일까지 반자동화 시설을 만드는 데 투자했다.

과 인건비도 높아졌는데, 이전 소득을 유지하기 위해서 돼지를 단기간에 많이 길러 더 많이 출하해 생산비 상승을 감당해야 하는 것인지 축산 농가는 혼란스러울 수밖에 없다.

"양돈 농가 각자 어쩔 수 없이 투자했던 거액의 비용이 있어요. 그런데 지금의 정책은 아무런 대책 없이 '이제 환경도 생각해야 하니 지금까지 500만 원 벌던 걸 400만 원 벌다가 점차 300만 원으로 줄이자'고만 해요. 이걸 농가에서는 어떻게 받아들여야 할까요?"

농장을 잃을 뻔하기도 했고, 원하든 원치 않든 거액의 투자를 거듭하며 어렵게 이어 온 농장이다. '농민만 온몸으로 겪는' 위기 상황 속에서도 최선을 다하며 농장을 지켜 왔는데 기후 위기로 사룟값이 오르고 정부가 요구하는 시설을 늘려야 하는 이 상황이 개별 농가 홀로 감당하기에는 어렵게 느껴진다. 현실이 이러하니 '스마트 축사'로 유도하려는 정부 방향에 동의하지 않는 건 아니지만 "아직은 들어가야 하는 투자비에 비해 기술이 불안정하다"는 생각이 먼저 든다고 한다. 그도 반자동화 축사를 구축해 직접 설정한 값으로 기계가 조작되고 온습도 등을 모니터링할 수도 있지만 "딱히 유용하지 않다"는 입장이다. 아무리 기계가 늘어도 결국 농사는 농민의 몫이기 때문이다.

글
이아롬

사진
연명석

꿀 × 경기도 파주시 · 박명준

"한 달 사이 꿀벌 450군이 죽었어요."

누가 꿀벌을 죽였는가

"꿀벌 집단 폐사, 정부가 책임져라!" 2023년 3월 9일 세종시 정부청사 농림축산식품부농림부 앞에는 폐벌통 1400통을 들고 온 양봉 농가 5000여 명이 모여 대책을 요구했다. 양봉 농가에게 3월은 2월에 본격적으로 겨울잠에서 깬 꿀벌이 활동하는 농번기인데 집회를 강행한 것이다.

양봉 농가는 2023년 2월 15일에도 농림부 앞에서 집회를 열었었는데, 이후 2월 22일 농림부의 발표에 분노한 양봉 농가는 3월에는 규모를 더 키워 집회를 열었다. 농림부는 꿀벌 감소가 "농가가 방제 적기에 방제를 충분히 하지 않아 꿀벌에 기생하는 응애가 농약에 내성을 띤 것이 주요 원인"이라며 방제 체계를 강화한다고 발표했다. 이에 양봉 농가는 응애뿐만 아니라 잔류 농약과 기후변화가 꿀벌의 대규모 실종과 폐사의 원인이라 주장하며 보다 정교한 대책 마련을 촉구했다.

사단법인 한국양봉협회가 2022년 전국 30벌 통 이상 규모의 농가를 대상으로 전수조사를 한 결과 벌통 153만9522개 중 꿀벌이 폐사하거나 사라진 벌통 수는 57.1퍼센트인 87만9722개다. 우리가 만난 경기도 파주시의 박명준 농민은 2022년 10월 중순부터 11월 초까지 한 달 사이에 벌통 500군 중 450군을 잃었다. 15년 차 양봉 농민이며 한국양봉협회 파주시지부장으로 활발하게 활동하고 있는 그는 파주읍과 DMZ, 강원도 홍천군에서 양봉장을 운영하고 있다. 2022년 초반 전라남도 지방에서 벌어진 '꿀벌 집단 실종 미스터리'는 고작 1년도 안 된 사이 우리나라의 최북단까지 번졌다.

응애와 농약이 문제라면 차라리 낫다

오래전에는 논과 밭에 사람이 직접 농약을 쳤는데, 요즘에는 대형 트럭에 약통을 올려 기계로 분사하거나 드론으로 살포한다. 이른바 '스마트 농업'이다. 일부 농민에게는 편리함과 인건비 절감이라는 이득을 안겨 주었지만 이 방식은 사람이 직접 필요한

곳에 농약을 살포하는 방식과 달리 100미터 이상 날아가며 대량으로 살포하기 때문에 "친환경 약제라도 스치면 치명적인" 꿀벌이 날아가다 약제에 맞아 죽는 일이 비일비재하게 일어난다.

"벌이 농약에 맞아 죽는 걸 항의라도 하면 농가가 그걸 증명하라는 식인데, 증명하기는 굉장히 어렵습니다. 농약도 많이 뿌리지만 이곳 북부에는 말라리아모기가 많아서 시에서 트럭에 살충제를 싣고 대량으로 뿌립니다. 제발 한낮에는 뿌리지 말아 달라고 민원을 많이 넣어요. 다행히 파주시 방역 팀하고 이야기를 해서 일몰 이후에 뿌리고 있는데, 가끔 아침 일찍 뿌리기도 하니까 어려움이 많지요."

1980년대에 들어온 가시응애와 진드기도 점점 약에 내성이 생겨 번식을 막기 어려워졌다. 2022년 1월 남부에서 발견된 바이러스 7종도 북부 지역까지 번져 꿀벌을 위협하고 있다. 그중에서는 판명되지 않은 바이러스도 있다. 한국의 장수말벌은 양봉 농가에서 대응할 수 있지만 2003년 국내에 처음 들어와 몇 년 사이 국내 전역으로 퍼진 꿀벌을 잡아먹는 외래종 '등검은말벌'은 워낙 빠르고 공격성이 강해 사람이 잡기 어려워 피해를 보고 있다.

"전국적으로 벌이 집단으로 죽거나 사라지니까 농림부에서 TF 팀을

벌이 집단으로 돌아오지 못해 텅 비어 버린 벌통을 꺼내 보여 주는 박명준 농민.

꾸린 걸로 알고 있습니다. 종자 벌도 없는데 농가 피해 조사 정도밖에는 이루어지지 않고 있으니까 답답하지요. 양봉협회에서도 농식품부와 열심히 교류하지만 크게 와닿는 부분은 없습니다."

박명준 농민은 벌을 위협하는 응애와 농약은 차라리 낫다고 생각한다. 사람이 노력하면 해결할 수 있는 부분이라 믿기 때문이다. 하지만 사람의 노력으로 쉽게 해결할 수 없는 것이 기후 위기다. 벌은 항상 체온을 35~36도로 유지해야 하는데 기온이 너무 높아지자 산란이 되지 않으며 개체 수가 줄어들고 있다. 무엇보다 겨울이 따뜻하다는 것이 걱정이다. 2022년 11월 말까지 낮 기온이 20도로 올라 동면에 들어야 할 벌이 계속 꿀을 찾으러 나갔다가 밤 기온이 뚝 떨어지면서 돌아오지 못했다. 그렇게 벌통 500군 중 450군은 텅 비어 버렸다.

내일을 위한 양봉

아까시나무꽃이 필 때 벌통을 싣고 전국으로 이동할 만큼 우리나라 양봉은 아까시나무에 의존하고 있다. 제주도부터 북부까지 주요 밀원수로는 유채, 귤나무, 피나무, 밤나무, 때죽나무, 족제비싸리, 신나무 등이 있다. 예전에는 나물로도 팔고 씨앗으로 기름을 짜기도 했지만 지금은 극히 일부 지역에만 있는 유채의 가격이 폭락하면서 유채 농사는 드물어졌다. 밤꿀은 6월 20일부터 7월 초까지 꿀을 딸 수 있지만 장마와 겹치다 보니 꿀이 잘 생산되지 않는다. 그래서 양봉 농가의 생산량 80퍼센트 이상이 아까시나무꽃꿀이다. 딱 1주일 동안 집중적으로 생산하는데, 이 시기에 비라도 오면 그해 양봉은 끝났다고 본다. 2020년과 2021년에는 갑자기 봄비가 많이 내려 꽃이 한꺼번에 지는 바람에 꿀 생산량이 예전에 비해 90퍼센트 줄었다.

지금은 개화기가 변하며 순차적으로 피어야 할 꽃이 동시다발적으로 핀다. 처음 양봉을 시작한 15년 전에는 아까시나무꽃을 따라 벌통을 트럭에 싣고 경남, 경북 지역으로 서너 번 이동해 꿀을 땄지만 요즘에는 두 번으로 줄었다.

"양봉을 시작한 2000년대 초반에는 경남에서 5월 5~10일 첫 개화가 이루어졌습니다. 이후 첫 개화가 하루 이틀 빨라지다 지금은 보름 정도 당겨졌어요. 꿀이 나오는 적정 온도는 밤 기온 10도 이상, 낮 기온 27도 이하인데, 봄에 낮 기온이 30도가 넘을 때가 있잖아요. 그럼 꽃이 말라서 꿀이 안 나오고, 밤에는 기온이 5~6도까지 내려가서 서리가 내리기도 하니 꽃이 냉해를 입기도 해요."

벌집에 붙어 있는 꿀벌.

1960년대 녹화 사업으로 전국적으로 한꺼번에 심은 아까시나무는 노령화되어 꿀을 내는 기간을 넘어섰다는 진단도 있다. 그래서 새로운 나무를 심어야 하는데, 지금 아까시나무를 새로 심으면 7년이 지나야 꿀을 딸 수 있다. 그는 지금 당장 꿀을 따기 어렵더라도 후대를 위해서 양봉 농가부터 아까시나무를 1년에 다섯 그루 이상 심어야 한다고 생각한다.

"통계로 보면 양봉 농가의 60퍼센트 이상은 연금을 받거나 다른 직업을 유지하면서 겸업을 해요. 대부분 방송에서 '돈을 많이 번다'는 이야기를 듣고 현혹된 분들이 많이 유입되었어요. 하지만 벌은 섬세한 존재이기 때문에 체계적으로 관리해야 합니다. 다른 농장과 거리를 유지해야 하고, 운영 일지도 쓰고, 밀원수도 많이 심어야 하지요. 벌이 다른 농업을 위한 꽃가루받이를 하는 만큼 그런 부분도 고려하며 노력해야 하는데, 현재는 당장 코앞만 바라보는 것 같아서 아쉬움도 있습니다. 태양광으로 전환한다며 산을 깎는데 만약 1헥타르의 산을 깎는다면 수종을 개량한다든가 20퍼센트 정도는 꼭 밀원수를 심게끔 법으로 제도화했으면 좋겠어요."

매년 11월, 논산 딸기 하우스에만 6000통의 벌이 들어간다. 딸기 외에도 참외·수박·고추 농사에서 꽃가루받이를 하는 하우스 벌은 6만 통 정도로 벌의 기여도가 높다. 기후가 변한다는 것은 단순히 날씨의 변화를 의미하지 않는다. 농업의 한 부분이 무너지면 그것이 다른 부분에 연쇄적으로 영향을 미친다. 기후 위기는 그렇게 다가온다.

글
이아롬

사진
이아롬
박명준

시설

2022년 기나긴 장마에 많은 농작물이 밭에서 녹아내렸다. 얼마 후 기상청에서는 이제 '장마'라는 말 대신 '우기'라는 말을 쓰자는 제안을 했다. 자급 농사를 몇백 평 짓는 농부도 진지하게 시설 농사를 말한다. 노지에 비해 안정적인 생산이 보장되고, 완벽하지는 않지만 주변 환경을 제어할 수 있다는 기대 때문이다. 그러나 이미 우리나라의 시설 면적은 전 세계적인 수준이다. 귀농하는 청년들은 대부분 시설을 중심으로 농사 계획을 세운다. 좁은 농지에서 최대한의 생산성을 추구할 수 있기 때문이다. 노지에서 두세 번 재배 가능한 열무가 시설에서는 열두 번까지 재배할 수 있다. 하지만 극단적인 생산성의 반대편에는 극단적인 작업 환경이 존재한다.

가장 큰 문제는 빚으로 시작하는 것이다. 경험 많은 농부도 원금 갚기가 쉽지 않은 시골이다. 더구나 시설 재배가 주변 환경에서 자유로울 것이라는 생각은 환상이다. 이어지는 인터뷰에서 볼 수 있듯이 시설 농가들은 노지에 비해 더욱 극단적인 기후 위기를 경험하고 있다. 시설 재배는 기후 위기의 대안이 아닌 임시방편일 뿐이다. 농민들도 시설이 근본적인 대책이 아니라는 사실을 잘 알고 있다. 하지만 근본적인 해결책은 너무 먼 이야기이니 시설 재배라는 굴레를 받아들일 수밖에 없는 것은 아닐까. 무엇보다 우리는 시설 재배가 한 사람의 농부를 그저 농산물을 안정적으로 생산하는 존재로 한정 짓는 것은 아닌지 돌아보아야 한다.

수박 × 전북 고창군 · 송민선

"기후변화보다 더 불안한 건
출렁이는 농산물 가격입니다."

시설에서도 피할 수 없는 기후변화

고창은 전국적으로 유명한 수박 생산지다. 고창 수박은 원래 노지 수박으로 유명했는데, 기상이변이 자주 나타나면서 노지 수박은 거의 사라지고 대부분 시설로 들어갔다고 한다. 고창 수박의 주산지인 성내면에 사는 송민선 농민도 10여 년 전 이곳에 내려와 하우스 수박 농사를 시작했다. 동네에 작목반도 있고, 시설이 아무래도 날씨 영향을 덜 받다 보니 자연스럽게 선택하게 되었다.

노지였다면 늦서리가 지나고 5월 초 정식모종을 본밭에 심는 것해 1년에 한 번 수확했겠지만, 시설에서는 1년에 세 번 수확할 수 있다. 시설 수박은 2월, 5월, 8월 세 번 정식을 하는데, 봄 작기에 나오는 수박이 가장 맛이 좋다. 고창 지역은 봄 수박에 특화되어 있는 편이라고 송민선 농민은 자부한다.

"수박은 완숙 과일이라 바닥에 오래 있는 것이 맛있어요. 아무래도 봄에는 날씨가 선선하니까 55일 이후에 출하하고, 여름에는 45일 지나면 따야 해서 작기가 짧지요. 고창 지역 봄 수박은 맛이 좋은 편입니다. 부여나 논산 쪽은 모래땅이라 토심이 약해서 55일을 못 버티고 일찍 따서 맛이 덜 드는데, 여기는 좀 더 오래 숙성시켜서 수확하기 때문에 맛이 더 좋아요."

더 빨라지고 더워지는 여름

송민선 농민은 고창에 처음 내려왔을 때와 비교하면 기후가 많이 변했다는 사실을 체감한다. 10년 전만 해도 6월 15일을 기점으로 장맛비가 2주 동안 온다든가 하는 규칙이 있었는데, 이제는 여름 장마라는 개념 자체가 완전히 사라져 버렸다. 짧은 기간 몰아서 비가 내렸다가 한참 안 오기를 반복한다. 시설 농사도 날씨의 영향을 덜 받을 뿐이지 기후변화에서 완전히 자유로울 수는 없다. 특히 더운 여름철의 극단적인 날씨는 작황을 비롯해 작업 환경에 큰 영향을 준다.

"여름에 더워지는 시기가 확실히 빨라졌어요. 2023년은 특히 더위가 빨리 온 편입니다. 예전에는 여름 수박의 경우 6월 10일 안에 심으면 어느 정도 작황이 나왔는데 지금은 6월 넘어서 심으면 작황이 부진해요. 날씨가 뜨거우면 수박 뿌리가 활착모종을 옮겨 심은 후 모종이 뿌리를 내려 자리 잡는 것되지 않거든요. 날씨가 더우면 수박이 잘 안 크고 맛도 별로 없어요. 열을 많이 받으면 제대로 안 익고 억지로 익어 버려서 속만 빨간 '피수박'이 되어 버립니다. 그런 건 출하할 수 없지요. 봄에는 벌로 수정을 시키는데, 벌도 더우면 일을 잘 안 해요. 여름에 심는 씨 없는 수박은 3배체 수박이라 자가수정이 안되고 수분수를 중간중간 심어서 사람이 손으로 직접 꽃가루를 찍어 주는 작업을 합니다. 여섯 시 전에 꽃이 피니까 아침 일찍 수분 작업을 시작하는데, 아직 7월 초인데도 일곱 시만 되면 더워서 온몸에 땀이 줄줄 흘러요."

여름이 워낙 덥다 보니 이제는 여름 수박 농사를 짓지 말아야 하나 고민 중이다. 6월 넘어 심는 것들은 더워서 고생만 하고 제대로 된 상품이 되지 않기 때문이다. 더위가 일찍 찾아오다 보니 봄이든 여름이든 작기를 일찍 당기는 게 일반적인데, 일찍 심었다가 갑자기 날씨가 추워져 생산량이 뚝 떨어지는 경우도 있다.

"올해 같은 경우에는 봄에 일찍 심은 논산, 익산, 경남 쪽 농민들은

하우스 시설에서 수박을 수확하고 있다.

엄청 고생했어요. 논산과 익산은 고창보다 북쪽인데도 평야지라 일조량이 더 많고, 경남 쪽은 워낙 따뜻하니까 저희보다 일찍 심거든요. 그런데 올봄이 유독 추워서 수정이 잘 안되어 생산량이 엄청 안 나왔어요. 화방에 꽃가루를 넣었을 때 특정 온도 이상이 되어야 하는데 너무 추우니까 수정이 안 된 겁니다. 올해 4월에도 기온이 갑자기 영하로 떨어져 버렸잖아요. 예전에는 그럴 일이 없었고 절기에 따라 일정한 패턴이 있었는데, 지금은 왔다 갔다 기복이 너무 심해요. 이런 현상이 올해만의 특징이 아니라 내년에도 반복될 가능성이 상당히 높습니다."

── 물가는 오르는데, 농산물 가격은 10년째 그대로 ──

워낙 예상하기 어려운 날씨에 불안하지만 무엇보다 농사지으며 가장 불안한 것은 일정치 않은 농산물 가격이다. 날씨만큼 변동이 큰 시장가격 때문에 소득을 예측하기 어렵다. 다행히 올해는 5월 중순에서 6월 초, 봄 수박을 출하하는 시기에 수박 가격이 비싼 편이었다. 봄이 워낙 추워서 수박을 빨리 심은 경상도 지역의 생산량이 줄어든 탓이다. 전체적인 출하량과 시장가격이 직결되다 보니 한쪽이 웃으면 한쪽이 우는 상황이 벌어진다. 인건비와 물가는 천정부지로 오르는데, 농산물 가격이 그만큼 오르지 않는 것도 답답하다. 송민선 농민은 하우스 다섯 동에서 시작해 지금은 13동 약 2000평을 운영하고 있다. 처음에는 아내와 둘이서 일했지만, 규모가 늘어나면서 집중적으로 작업이 필요한 시기에는 인력을 쓴다. 하지만 코로나19 이후로는 사람을 구하기도 어려워졌고, 인건비도 그만큼 많이 올랐다.

"2010년도에는 인건비가 지금의 3분의 1 수준이었어요. 그때는 동네 엄마들이 3만 5000원, 외부에서 온 사람들이 4만 원 정도 받았는데, 지금은 12만~13만 원으로 거의 정해져서 수입이 인건비로 다 나가 버려요. 그래서 고민이 많이 됩니다. 농업이 원래 부가가치가 높은 산업도 아니고, 먹을거리다 보니까 값을 천정부지로 올릴 수는 없어요. 인건비가 세 배 올랐다고 수박값을 세 배로 올릴 수는 없잖아요. 물가 상승률 기준으로 직장인 임금 오르듯 농산물 가격을 올릴 수는 없으니, 농산물 가격에 현실 물가가 전혀 반영 되지 않으면 농사짓는 사람들이 너무 힘들어집니다. 이런 부분은 정부가 나서서 역할을 해 주어야 한다고 생각합니다."

수박 가격만 해도 10년 전 가격이 지금보다 더 비쌌다고 송민선 농민은 이야기한다. 수박뿐만 아니라 다른 농산물도 대체로 가격이 그렇다. 10년 사이 인건비도 세 배, 농자재 값도 세 배나 올랐는데, 농산물 가격은 그대로이거나 더 떨어졌다. 그 사이 공백은 오롯이 농민이 메우고 있는 실정이다. 먹을거리는 엄연한 '공공'의 영역인데, 정작 농민은 우리 사회의 사각지대에 놓여 있다.

"먹을거리는 공공의 영역이지만 규정상 농민은 개인 사업자니까 재난 지원금이고 뭐고 아예 해당되지도 않아요. 농산물 생산이 자영업이라면 그냥 시장 논리대로 흐르게 놔두어야지요. 양파 한 망이 10만 원이 되든, 1만 원이든 그냥 두어야 하는데, 농산물 가격이 떨어질 때는 가만히 있다가 가격이 올라가면 외국에서 수입해서 가격을 낮추잖아요. 인구 대부분을 차지하는 도시 서민에게 저렴한 먹을거리를 공급해야 하니까 정부가 농산물 시장과 물가를 조절하는 겁니다. 저도 농사를 계속 지어 왔으니까 짓는 것이지 경제 논리로 따져 보면 할 일이 아니에요."

수입 농산물에 밀려 제철 과일의 의미가 없어진 지 오래다. 수박도 수입 과일에 밀리고 있다. 수입 농산물을 누구나 국내로 들여올 수 있게 개방해 주면서 백화점 매대는 제철 과일이 아니라 체리나 망고 같은 수입 과일이 차지하게 되었다. 송민선 농민도 몇 년 전 가락동 경매시장에 갈 때마다 어마어마하게 쌓여 있는 수입 과일 박스를 보고 놀랐던 기억이 있다.

많은 사람이 기후 위기가 식량 위기를 불러올 것이라 걱정하지만, 정작 농사짓는 농민의 삶을 들여다보는 이는 많지 않다. 식량 위기의 대안으로 흔히 스마트 팜 등 생산성을 유지하기 위한 방안만 논의될 뿐, 농민들이 농사를 포기하게 만드는 구조에 관한 논의는 찾기 어렵다. 수입 농산물에 밀려 설 곳을 잃은 제철 농산물, 심한 가격 변동성이 불러온 농민 소득의 불안정성, 늘 제자리걸음인 농산물 가격. 결국 모든 책임을 농민 스스로 떠안게 하는 지금의 구조를 성찰하지 않고 '식량 위기' 담론을 소환하는 것은 결국 농민들에게 더 높은 생산성만 요구하는 일이 되지 않을까?

50퍼센트를 밑도는 식량 자급률을 높이는 일은 물론 기후 위기 시대에 필요하지만 악순환에 빠지지 않기 위해서는 훨씬 다층적인 현실을 직시할 필요가 있다. 무엇보다 농민의 삶을 지속 가능하게 만드는 일, 먹을거리가 지닌 공공성의 가치를 회복하는 일이 우선되어야 하지 않을까. 송민선 농민이 꺼낸 '먹을거리는 공공의 영역'이라는 말을 새삼 다시 생각하게 된다.

비가 많이 와서 물에 잠긴 수박 하우스.

글
이다예

사진
송민선

딸기스마트 팜 × 경북 상주시 · 박홍희

"온도는 조절해도 햇빛은 어쩔 수 없어요."

현실주의자의 스마트 팜

'푸드테크', '미래 먹을거리', 'AI·로봇이 만드는 스마트 팜'. 스마트 팜을 수식하는 문구는 사람들에게 막연한 기대 혹은 거부감과 혼란을 불러일으키기 딱 좋다. 고백하자면 후자에 가까운 마음이었다. 하지만 기후 위기의 대안으로 급부상한 스마트 팜을 그냥 지나쳐도 괜찮은 것일까. 의무감 반, 호기심 반으로 경북 상주에서 딸기로는 국내 최대 규모인 6050평2헥타르 스마트 팜을 운영하는 '우공의 딸기정원' 대표 박홍희 농민을 찾았다. 커다란 규모에 유리온실까지, 그의 스마트 팜에는 로봇은 없었지만 머릿속 상상이 그대로 구현된 모습이었다. 하지만 그의 이야기에는 첨단 기술이 이끄는 장밋빛 미래 전망은 없었다. 대신 유통이나 대출, 영농 기술, 날씨에 영향받는 아주 현실적인 농사 이야기를 들을 수 있었다.

"스마트 팜이라 하면 컴퓨터가 농사를 대신 지어 주는 줄 아는데 사람 손을 덜 쓰면서 기계의 자동화로 환경을 관리하는 겁니다. 그 값은 농민이 세팅하지요. AI가 값을 설정해 주어 농사 초보도 농사를 잘 지을 수 있게 해 주는 것은 아직 불가능하다고 봅니다. 지금 정부에서 이야기하는 스마트 팜 진흥책은 '초보적인 자동화 온실에서 통합 제어로 가자'라는 단계입니다."

AI와 식물 공장만 스마트 팜일까? 아니다. 스마트 팜도 세대 구분이 있다. 스마트 팜 1세대는 비닐하우스마다 컨트롤 박스가 따로 환풍기나 커튼을 조절하는 정도가 가능하다. 2세대부터는 컨트롤 패널 하나로 통합적인 제어가 가능하고, 네트워크 기능이 추가되어 원격으로 확인하고 조작할 수 있다. AI가 예측하고 판단해서 농사짓는 것은 3세대 스마트 팜인데 박홍희 농민에 따르면 3세대 스마트 팜은 아직 구현되지 못했다.

─── 왜 '과잉 투자' 유리온실을 선택할 수밖에 없나 ───

귀농·귀촌을 결심한 사람이 당장 규모 큰 땅을 구하기는 어렵다. 그러니 축산이나 벼농사도 어렵고, 과일은 수확하기까지 최소 3~4년의 시간이 걸린다. 생산만 잘하면 판매 시스템이 잘 갖추어져 당장 소득이 나오는 분야는 시설 원예이기 때문에 많은 귀농인이 시설 원예를 택한다. 박홍희 농민도 그런 이유로 딸기를 선택해 처음에는 비닐하우스 5동 1000평을 일구었다. 2년 뒤에 연동형 비닐하우스 900평을 더했고, 2021년에는 유리온실까지 지었다. 현재 그의 딸기 농장 규모는 총 1만 평 3.3헥타르. 연간 150~170톤의 딸기를 생산한다.

"농민이 생산물의 가치를 제대로 인정받으려면 유통망하고 협상할 힘이 있어야 하는데, 그 힘은 물량에서 나옵니다. 500~600평 농사 지어 봐야 팔 곳이 없어요. 우리는 우리의 브랜드를 가지고 딸기를 팔기 때문에 유통 협상력이 조금 생겼지요."

스마트 팜은 그동안 축적한 지식과 경험으로 예측할 수 있는 농사를 짓기 위해 선택했다. 스마트 팜의 기술로 수확과 휴지기를 예측해 생산량을 늘리면 농민의 가치를 제대로 인정받을 수 있다고 확신했기 때문이다. 유리온실을 짓고 시설을 마련하기 위해 보조금이 아닌 기업 50억 원, 개인 30억 원 한도의 '스마트 팜 종합 자금 대출'을 받았다. 그가 보조금을 받지 않은 이유는 "보조금이 붙는 순간 견적이 갑자기 높아지거나 입찰 프로세스를 통해 선정된 업체가 해야 하니 농민은 제대로 된 의사 결정을 할 수 없기 때문"이다. 그는 농업을 제대로 이해하지 못하는 IT 기업이 공급하는 형태 그대로 농장을 운영하기에는 한계가 많다고 판단했다.

그는 정부 보조금 사업이 '농가에도, 농업계에도 도움이 안되고 지속 가능하지 않다'는 결론을 내리고 대출을 받았다. 지금도 딸기는 연동형 비닐하우스로도 충분하다고 생각하지만, 비닐하우스는 담보 자산 가치가 없어 대출을 받기 어렵다. 그렇게 지극히 현실적인 이유에서 유리온실을 선택했고, 자신의 딸기 재배 방식에 맞추어 장비를 구성했다.

박홍희 농민은 스마트 팜을 하나의 '장비tool'라 설명한다. 농민이 음악을 만드는 프로듀서라 했을 때 아무리 좋은 스튜디오를 갖추어도 결국 히트곡좋은 결과물을 뽑아내는 것은 그 장비를 다루는 프로듀서의 역량이기 때문이다. 그래서 농민들이 스마트 팜에 거부감을 가지기보다는 적극적으로 이용하고 목소리를 내 스마트 팜 열풍의 과실이 IT 기업이 아닌 농민에게 돌아가기를 바란다. 그래서 청년을 고용해 교육하고 프랜차이즈 농장으로 독립해 재배 네트워크를 만들려 노력하지만 농촌에서 청년을 고용하는 일이 쉽지만은 않다.

스마트 팜도 기후에 영향을 받는다

9월에 정식한 시설 딸기는 10월 중하순에 꽃을 피우고, 비대기인 11월에 과실을 키운다. 그래서 연말이나 연초가 첫 딸기가 나오는 '제철'이 된다. 그러니 딸기 농가에게는 첫 딸기가 익어가는 11월이 가장 중요한 시기다. 스마트 팜도 마찬가지다. 온실의 LED가 햇빛의 광량을 대체하지 못하니 결국 기후는 환경 조건을 제어할 수 있는 스마트 팜에도 영향을 준다.

"외부와 완전히 단절될 수는 없어요. 농사는 농사지요. 딸기를 한 단으로만 재배하는 이유는 햇빛 때문입니다. 토지 이용률을 높이기 위해 촘촘히 심어 햇빛을 전부 받게 하는데 시설이 딸기를 작업할 때 편리하도록 잠깐 내려 줍니다. 작업이 끝나면 햇빛을 받을 수 있게 다시 위로 올리죠. 아무리 시설이 좋다고 해도 LED 조명으로만 키울 수 있는 작물은 쌈채소나 허브류 정도입니다."

딸기 농가에도 기후변화는 위기로 작용한다. 몇 년 동안 딸기가 비대기를 맞는 11월에 날씨가 좋지 않아 생산량이 줄었기 때문이다. 특히 긴 가을장마가 왔던 2021년에는 작황이 좋지 않아 딸기 가격이 비싸졌는데, 소비 심리가 회복되지 않아 딸기 농가

스마트 팜에서 딸기가 자라는 모습. 다단으로 재배할 수도 있지만 햇빛을 최대한 많이 받게 하려고 한 단으로만 재배한다.

'우공의 딸기정원'에서 수확한 딸기.

가 어려움을 겪었다. 딸기를 찾던 소비자가 딸기 대신 수입 오렌지 등으로 발걸음을 돌렸기 때문이다.

"작물이 자라고 생산성을 결정짓는 시기가 봄가을인데, 그 시기가 사라진다는 것은 농민에게는 아주 안 좋지요. 난방을 해야 하는 겨울 다음에 봄은 없고 바로 뜨거운 여름이 되면 냉방을 해야 하잖아요. 예전에는 4~5월에 정상적으로 딸기를 재배할 수 있었지만, 지금은 냉방 없이 딸기를 키우기 어려워요. 특히 온도와 습도는 조절할 수 있지만 가을 일조량은 농민의 노력으로 극복하기 어렵거든요."

우리가 겨울에 딸기 먹는 것을 포기하지 않는 한 누군가는 시설에서 딸기를 키워야 한다. 박홍희 농민은 일반 하우스보다 규모가 큰 자신의 유리온실이 단위당 에너지를 덜 쓰면서 정교하게 설계해 생산량도 높다고 소개했다. 노지에 비해 물과 비료를 적게 쓰고 하천보다 깨끗한 폐액을 내보내는 것도 그가 짓는 딸기 농사에 자부심을 느끼는 이유다. '미래 산업'이라는 거창한 홍보보다 현실적인 농민의 말이 더욱 설득력 있게 다가온다.

글
이아롬

사진
박홍희

왕우렁이·깻잎 × 전남 곡성군·박경환

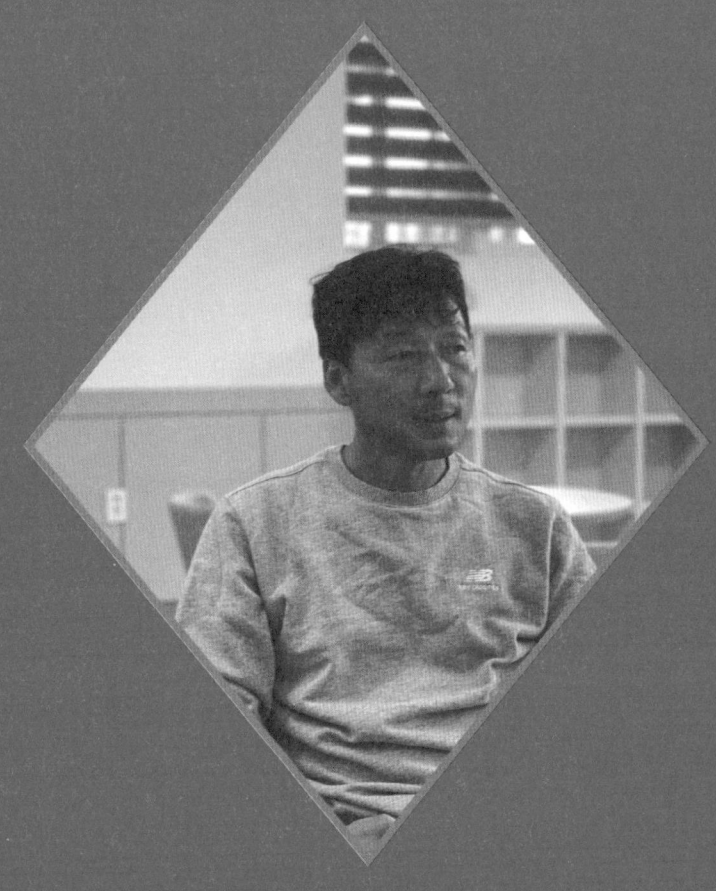

**"당장은 이익이지만 불안하죠.
농사는 연결되어 있으니까요."**

멀지만 가까운 기후 위기

왕우렁이는 1990년대 초 친환경 벼농사에 도입된 이후 친환경 벼농사의 상징이 되었다. 왕우렁이 이전에 논에 참게나 미꾸라지를 풀어서 제초하는 방식과 오리 농법도 있었지만 참게나 미꾸라지는 제초 효과가 크지 않았고, 오리는 관리하기 어려운 데다 2008년 AI가 터지며 친환경 벼농사에서 퇴출당했다. 왕우렁이는 98퍼센트의 제초 효과와 비용 절감 효과 때문에 지난 30년 동안 전국의 많은 친환경 농가와 함께해 왔지만 생태 교란 위험성도 꾸준히 제기되었다. 2007년 국립생태원에서 왕우렁이를 '생태계위해성종' 2급으로 지정했고, 2017년에는 '생태계위해성종' 1급으로 평가했다.

그러나 당장 왕우렁이를 대체할 수 있는 친환경 제초 방제의 대안이 없어 왕우렁이를 '생태계 교란 생물'로 지정하는 것은 보류

되었다. 하지만 이것이 왕우렁이가 생태계를 교란할 가능성이 전혀 없다는 뜻은 아니다. 일본 일부 지역에서는 야생화된 왕우렁이가 벼에 피해를 주기도 했고, 대만과 베트남에서는 생태계로 급속히 퍼지거나 벼 피해가 늘어 왕우렁이 양식을 금지하고 있다. 국내에서도 전남 일부 지역에서 월동한 왕우렁이가 벼의 어린 모를 갉아 먹어 피해를 본 사례가 있다.

왕우렁이가 초래할 위기가 드러난 이 상황을 왕우렁이 양식 농가에서는 어떻게 바라보고 있을까. 왕우렁이를 양식하는 박경환 농민을 만나기 위해 전남 곡성으로 향했다.

왕우렁이, 넌 누구냐?

박경환 농민이 왕우렁이 양식을 시작한 건 2010년. 이전에 밭작물을 재배하기도 했지만, 농민운동과 병행하기 어려워 노동을 덜 하는 농사를 짓기를 원했다. 울금을 키울 때는 낯선 작물이라는 이유로 경매가 이루어지지 않아 몇 톤 정도 되는 양을 갈아엎기도 했다. 농산물 가격이 보장되지 않아 고민하고 있을 때 마침 동네 선배의 권유로 왕우렁이 양식을 시작하게 되었다.

양식하는 왕우렁이는 3~8센티미터 크기에, 성패가 되면 4그램 이상 무게가 나간다.

그는 약 2500평 규모의 하우스에서 왕우렁이를 재배하고 있어 곡성군에서는 가장 큰 규모지만 전국 왕우렁이 양식 하우스의 기본 규모는 그의 하우스 두 배 이상이다. 그 정도는 해야 수익이 나오기 때문이다. 하지만 곡성은 산이 많아 농지가 적고 시설이나 작물 재배 면적이 크지않은 편이다. 처음에는 마땅한 사료가 없어 닭 사료를 먹이며 키웠지만 지금은 유박이나 옥수수 같은 재료를 넣은 양어용 사료가 따로 나와 그것을 쓴다.

"왕우렁이 양식은 10월부터 3월까지 농한기입니다. 제초용 왕우렁이는 따뜻한 곳에서 지내는 습성을 지녔거든요. 10도 이하로 내려가면 움직이지 않지요. 아침 온도가 7~8도인 요즘2022년 10월 말은 우렁이가 땅속으로 들어가서 활동을 하지 않을 때입니다. 겨울에는 하우스 밖에 있는 왕우렁이가 다 죽어 버리고요."

2도가 최저 생존 온도라는 왕우렁이가 겨울에 얼어 죽어야 생태계가 교란되지 않는데 기후변화 때문에 전남 해남군에서 왕우렁이가 동면한다는 소식이 들려오기 시작했다. 평균기온이 1~2도씩 오르면서 전남 담양군에서도 왕우렁이가 동면한다는 이야기도 듣게 되었다. 하우스가 많은 곡성에서도 따로 살아 있는 개체가 일부 발견되기도 한다. 모를 심고 물을 대면 겨울을 나고 살아 있던 왕우렁이가 올라와 모를 갉아 먹기도 한다.

"왕우렁이가 살아남아 어린 모를 갉아 먹으면 농가가 군에 신고해요. 그러면 왕우렁이생산자연합회로 안내가 옵니다. 진도나 여수, 고흥 쪽에서 신고가 들어와서 면적을 산정해 보상해 준 적도 있고요. 살아남은 왕우렁이가 모를 갉아 먹지 못하게 하려면 물을 낮게 대야 하는데, 물갈이할 때 수평을 맞추지 않으면 피해가 생기기도 하더라고요."

간혹 왕우렁이가 토종 우렁이와 교잡될 수 있다는 주장이 있기도 하지만 토종 우렁이는 새끼를 낳고 왕우렁이는 알을 낳는다. 두 종의 생물학적 특성이 달라 서로 교잡된 사례는 없다. 다만 농가에서 미처 수거하지 못한 왕우렁이가 하천에 쓸려 내려가는 것이 가장 우려되는 점인데, 그는 패각연체동물의 외투막에서 분비된 석회질이 단단하게 굳어서 된 겉껍데기이 약한 왕우렁이가 물살에 부딪히면서 깨지면 거의 폐사한다고 본다.

하지만 무시무시한 번식력을 자랑하기 때문에 적은 수의 왕우렁이라도 논이 아닌 다른 생태계로 유입된다면 위험은 크다. 왕우렁이는 산란할 수 있는 성패로 크는 데 석 달밖에 걸리지 않고, 수온만 맞으면 20~33도 한 달에 1000여 개 이상의 알을 낳으며, 알은 15일 만에 부화하기 때문이다.

기후 위기가 당장에는 이익입니다만

많은 농업 분야처럼 왕우렁이 양식도 생산비 상승 폭에 비해 가격이 오르지 않거나 하락했다. 10년 전까지만 해도 20킬로그램 한 포에 7000원이 되지 않던 사룟값이 지금은 1만 9000원까지 올랐다. 10년 전 왕우렁이 가격은 1킬로그램당 6000원이었지만 지금은 4500원에서 5000원 사이다. 다행인 건 왕우렁이가 사료를 많이 먹지 않아 사룟값은 수익의 10퍼센트 정도라는 사실이다. 하지만 왕우렁이는 본격적으로 왕우렁이를 넣는 시기인 7월에 소득을 얻을 수 있다. 특히 2월부터 5월까지는 왕우렁이 양식 농가의 '보릿고개'이기 때문에 박경환 농민은 뭐라도 해야 한다는 생각으로 200평 규모의 하우스에서 깻잎 재배도 병행하고 있다.

"노지 깻잎은 보통 3월에 파종해요. 3~4월부터 따기 시작해서 관리를 잘하면 11월까지도 딸 수 있습니다. 저희는 10월에 파종해 속으면서 키우고 있어요. 깻잎 농사는 수막 재배비닐하우스 피복재에 지하수를 뿌려 보온·단열 효과를 높여 작물을 재배하는 기술를 많이 하는데, 습하니까 곰팡이 병이 많이 생겨 아무리 유기농이라도 유기농 약제를 쓸 수밖에 없어요. 깻잎은 따고 열흘 정도 지나야 크기가 적당해 하루에 따

박경환 농민은 지하수를 뿌려 보온 효과를 높이는 수막 재배를 하고 있다.

고 다음 날 농약을 친 다음 4~5일 뒤에 물을 주어서 농약을 희석한 후에 땁니다."

기후 위기로 높아진 겨울 기온은 열흘에 한 번 수확하던 깻잎의 수확 시기를 1주일로 당겼다. 시설 재배를 하는 농민들은 겨울철 온도를 단 1도라도 높이기 위해 많은 노력을 기울인다. 그런 만큼 날씨의 영향으로 기온이 높아져 일부 깻잎 농가에는 오히려 이익이 되었다.

"깻잎 농사와 왕우렁이 양식은 기온이 올라가는 상황이 이득이 되는 부분이 있어요. 하지만 추울 때는 춥고 더울 때는 더워야지요. 그렇지 않으니 해충이 늘었어요. 우리 지역도 노린재 피해가 점점 심해지고, 벌레 때문에 피해를 입어 벼 수확량이 줄기도 했습니다. 그래서 기후 위기는 아직 멀지만 가깝게 느껴져요. 아무래도 왕우렁이 양식은 벼 농가가 고객이니까요. 당장 눈에 보이지 않는다고 위기감을 느끼지 않는 건 아닙니다."

2022년 8월, 서울에는 물난리가 났지만 전남 서부권으로 생활용수를 공급하는 주암댐의 저수율은 30퍼센트에 달했다. 박경환 농민을 만난 10월에는 20퍼센트대로 수위가 낮아졌다. 소농이 많은 곡성은 상대적으로 피해가 덜했지만 인근의 보성강도

말랐고, 시설에서 물을 거의 쓰지 않았다. 잦은 태풍도 시설 농가에는 큰 위기다. 폭우로 하우스에 물이 차고 바람에 시설이 망가지지 않을까 노심초사하는 날이 늘어났다. 당장 피해를 입지 않는다고 해도 농민이 늘 기후 위기를 걱정하는 이유다.

글
이아롬

사진
박경환

쌈채소 × 경기 남양주시 · 이광재

"너무 더워진 여름, 반 토막 난 수확량에
유기농을 포기할까 하는 생각까지 들어요."

유기농을 지속하기 위한 고군분투

광주시, 남양주시, 양평군이 접한 지역에는 북한강과 남한강이 합쳐져 서울로 흘러드는 한강이 되는 시작 지점이 있다. 두 개의 큰 물줄기가 만나는 곳이라 해서 '두물머리'라 불린다. 이 일대는 1976년부터 경작 단지가 조성되었고, 1990년대 중반에는 유기농 단지가 형성되었다. 1970년대 팔당 상수원 보호구역으로 지정된 이후 수질 보전을 위한 정책의 일환이었다.

두물머리는 10여 년 전 정부와 친환경 농민 사이에 격한 갈등이 벌어진 현장이기도 하다. 2009년 이명박 정부가 4대강 사업을 시작하면서 두물머리 일대의 유기농가를 한강 수질오염의 주범으로 지목했다. 농민들을 쫓아내고 그 자리에 자전거도로와 잔디밭을 갖춘 공원을 조성하려 했다. 3년 4개월 동안 지속된 싸움은 종교계의 중재로 마무리되었지만, 약속했던 생태 학

습장 조성은 이루어지지 않았고 유기농 단지는 두물머리에서 밀려났다.

수도권 친환경 농사의 진원지

이러한 여러 갈등 속에서도 두물머리 주변의 양평군, 남양주시 일대에서는 여전히 많은 농민이 친환경 농사를 짓고 있다. 이광재 농민도 2004년부터 고향인 남양주시에서 친환경 쌈채소 농사를 짓는다. 하우스 6동 1200평에서 12종의 쌈채소를 키우고 900평 규모 노지에 대파를 키우며 유기농 인증을 받아 생협에 출하하고 있다. 그는 이 지역에서 친환경 농업이 시작되던 시기를 다음과 같이 기억한다.

"제가 어렸을 때만 해도 강에 나가면 밟히는 게 농약 병이었을 만큼 농약이 흔했어요. 다 고독성 농약이었지요. 그러다가 1975년에 정부가 이쪽 일대를 팔당 상수원 보호구역으로 지정했습니다. 그리고 1995년에는 수질 보전을 위해 보호구역 내 농가를 유기농으로 전환하는 정책을 시행했지요. 경기도 광주시, 남양주시, 양평군 등 세

개 시군의 농가가 모여 '팔당상수원유기농업운동본부'라는 단체도 만들었습니다. 그래서 이쪽 지역은 연세가 많은 분들 아니면 이런 영향 때문에 대부분 친환경 농사를 지어요. 4대강 사업을 하기 전에는 친환경 농사를 짓는 곳이 더 많았지요. 지금 있는 곳 바깥 벌판이 다 비닐하우스였습니다."

이광재 농민이 생산하는 주 품목은 쌈채소다. 그는 1년 동안 비닐하우스 한 동에 평균 10번 정도 심는다. 11월 초순에 한번 심어 놓으면 보통 2월 말, 3월까지 쭉 가기 때문에 겨울이 농작물을 생산하기에 가장 좋은 시기다. 반면 여름은 날씨가 더워서 수확을 시작하면 금방 꽃대가 올라와 겨울보다 자주 심어야 해서 훨씬 일이 많고 힘들다.

1년 내내 수확하는 쌈채는 겨울철에 온도를 유지하기 위해 수막 시설을 이용한다. 수막 시설은 비닐하우스 바깥쪽에 지하수를 뿌려 보온을 하는 방법으로, 지하수가 평균 수온 15도를 유지한다는 점을 활용한 농법이다. 하지만 수막 농법은 습기가 많아져 곰팡이병이 자주 발생한다는 단점이 있다. 농약이나 살균제를 사용하지 못하는 친환경 농민 입장에서는 더욱 어려운 노릇이다. 게다가 한여름에는 하우스 속 고온 현상을 막을 방법이 없다. 더군다나 이광재 농민은 지하수가 고갈될 우려가 있어 지하수를 이용한 수막 농법의 지속 가능성도 고민한다.

"당장은 지하수가 고갈될 가능성이 없어서 수막 시설 설치에 무리가 없지만, 몇십 년 후에는 이 지역도 지하수가 고갈될 수 있다고 봅니다. 여기 오는 길에 보면 하우스마다 관정 모터_{지하수를 퍼 올리는 모터}가 하나씩 있어요. 겨울에는 오후 4시 30분부터 펌핑을 시작해서 아침 9시, 10시까지 밤새도록 물을 퍼 올립니다. 그러면 지하에 있던 물이 한강으로 다 내려가지요. 이렇게 쓰다 보면 언젠가는 지하수도 고갈되지 않겠어요? 특히 요즘은 풀이 나는 걸 막으려고 밭에 비닐을 깔아 버리니까 물이 지하로 스며들지 못하잖아요. 그래도 제 하우스 옆에는 양쪽으로 논이 있어서 좀 더 나아요. 물이 논으로 흘러가 지하로 다시 침투되니까요."

기후 위기 속 친환경 농사

최근 들어 기후 위기 때문에 나타나는 기상이변 현상은 농사를 훨씬 힘들게 한다. 여름이나 겨울의 날씨가 예전과는 확연히 달라졌다.

"저희 아버지 때만 해도 씨앗을 아무렇게나 던져 놓아도 혼자서 잘 자랐어요. 지금은 정성 들여 심어도 잘 안됩니다. 옛날에는 여름 날씨가 그렇게 뜨겁지도 않았고 겨울은 무척 추웠어요. 제가 초등학교 다닐 때는 북한강이 얼어서 그 위로 경운기를 끌고 다니곤 했었지요. 이제는 강이 얼지도 않아요. 그런데 겨울에는 추워야 하우스 농사가 잘되거든요. 이쪽 지역은 겨울에 온도가 높으면 날이 흐려서 해가 안 떠요. 안개도 많고요. 반대로 추우면 해도 잘 뜨고 습도도 낮지요. 해가 없는 날이 계속되면 하우스가 습해서 곰팡이도 많이 생기고 감당이 안 됩니다."

이광재 농민은 보통 10월 말에서 11월 초 정도면 수막을 시작했다. 하지만 지난 2022년에는 12월 중순이 되어서야 수막을 시작했다. 평소에 비하면 거의 보름에서 20일 정도 차이가 난다. 겨울이 따뜻해진 탓이다. 한편 여름의 폭염은 농민과 작물 모두를 힘들게 한다.

"한낮이 되면 너무 뜨거워서 일을 할 수 없어요. 4월 중순에서 5월 정도가 되면 비닐로 막아 놓은 하우스 양쪽 문을 다 뜯습니다. 그리고 하우스 위쪽에 뜨거운 공기를 빼내려고 팬도 달아 놓았어요. 팬을 밤새도록 돌려도 하우스 안이 뜨거워서 작업을 할 수가 없습니다. 일하다가 철대에 살이 닿으면 깜짝깜짝 놀라요. 사람인 나도 죽겠는데 채소가 못 자라는 게 당연하지요. 작년 여름에는 하우스 한 동에

비닐하우스에서 자라는 쌈채소의 모습.

상추 모종을 한 열 번은 심었을 겁니다. 더워서 상추가 자꾸 녹아내리고 꽃대가 빨리 올라오니까 자꾸 뽑고 또 심었어요."

기후변화는 수확량 감소로 이어진다. 2022년 폭염으로 이 지역의 생산량이 대부분 절반으로 줄었다. 6월부터 열대야 현상이 일어날 정도로 더운 날씨에 이광재 농민은 20년만에 처음으로 쌈채소를 공급하지 못하는 상황을 겪었다. 25일 정도 농산물을 아예 출하하지 못한 것이다. 바닥을 친 생산량에 유기농 인증을 무농약으로 낮출까 고민할 정도였다. 무농약 인증은 화학비료라도 쓸 수 있으니 생장 속도를 조절할 수 있겠다는 생각이 들었기 때문이다.

농사를 지속하기 위한 고군분투

친환경 농사를 짓는 농민들은 이러한 문제를 극복하기 위해 어떤 시도를 하고 있을까? 기존 수확 시기까지 작물을 키우면 병충해가 오거나 여름에 녹아내릴 수 있다. 그래서 이광재 농민은 수확 시기를 앞당기는 방식을 고려하고 있다. 대파가 다 자라기 전 중파 정도 크기에서 수확하거나, 15~20일 정도만 기른 어린 채소를 '프티 쌈 모음' 식으로 만드는 것이다. 여름 농사는 하우스보다 노지에서 하는 방식도 생각하고 있다. 또 여름에 빨리 상하기 쉬운 얇고 무른 적상추 대신 청상추를 심는 식으로 품종을 조정하기도 한다. 하지만 품목 전환도 쉬운 일은 아니다. 생협의 경우 생산자 회원 각자의 생산 품목이 정해져 있기 때문이다. 이광재 농민은 기후 위기가 더 심각해지면 유기농 재배가 점점 더 어려워질 것이라고 우려하며, 결국 농업 정책을 바꿀 필요가 있다고 강조한다.

"먹을거리는 전반적으로 친환경 농사로 전환할 필요가 있습니다. 지금은 우리나라 농업 정책이 친환경 농사에 초점이 맞추어져 있지 않잖아요. 임산부 친환경 농산물 꾸러미 지원 사업 예산마저 전액 삭감하고 있는 실정입니다. 친환경 농사를 중심으로 지원책이 마련되었으면 좋겠어요."

농림축산식품부는 '농식품 분야 2050 탄소 중립 추진 전략'을 세우고 2019년 5.2퍼센트인 친환경 농업 면적을 2050년까지 30퍼센트로 확대하겠다는 계획을 세우고 있다. 하지만 기존 정책마저 폐기하거나 예산을 삭감하는 와중에, 과연 얼마나 많은 농민이 정부의 계획을 신뢰할까. 오히려 농민들은 4대강 사업 같은 토건 개발을 명분으로 유기농지를 빼앗긴 경험을 기억하고 있다. '탄소 중립'이라는 슬로건은 농민들에게는 과연 어떤 의미로 다가올까. 10년 전 두물머리에서 싸우던 농민들의 구호처럼 '공사 말고 농사', '발전 말고 밭전田'이라는 패러다임의 변화가 필요하다. 그 시작은 기후 위기를 온몸으로 겪으며 유기농을 지속하기 위해 고군분투하는 농민들의 목소리를 직접 듣는 것에서 시작되어야 하지 않을까.

글
황인철

사진
이아롬
이광재

노지

노지 농사 부분은 인터뷰 대상자의 경작 규모나 작물, 성별이 다양하게 섞여 있다. 꼼꼼하게 읽다 보면 이러한 차이가 기후 위기 인식과 대응에서도 유의미한 차이로 나타난다는 사실을 확인할 수 있다. 우선 확인할 수 있는 것은 농민들이 기존 친환경 농업을 기후 위기에 대응하는 농업 방식으로 인식하지 않는다는 사실이다. 친환경 농업을 하는 이들의 이러한 발언은 기본 인증 제도의 문제뿐만이 아니라, 친환경 농업이 본래의 의미를 잃어 가고 있다는 자기 고백으로 들린다. 김현인 농민은 이러한 인식에서 한걸음 더 나아가 IPCC 기준이 문제가 있다고 지적하며 농민들이 자체적으로 인증 기관을 만들자고 말한다. 탄소 중립에 관해서도 농민들이 적극적으로 네트워크를 만들고, 그 결과물을 증빙하는 작업을 할 필요가 있다고 강조한다. 김정열 농민은 지금 같은 시기에 오히려 희망을 말한다. 기후 위기에 관심을 두면 당연히 농업에 주목할 수밖에 없으며, 기후 운동가와 농민이 만나서 희망을 이야기할 수 있다고 보는 것이다. 그는 이런 분위기가 만들어졌을 때 '기후 위기 시대에 농업은 어느 방향으로 가야 할까'를 주제로 논의하자고 제안한다.

양파·대파 × 충남 홍성군·곽현정

"소비자들이 탄소를 배출하지 않는 농산물을
사 먹겠다고 요구하면 좋겠어요."

유기농 인증을 받으면 정말 친환경일까?

충남 홍성군 장곡면에 사는 곽현정 농민은 여성 단체와 생협 실무자로 활동하다가 귀농해 친환경 농사를 짓는 16년 차 여성 농민이다. 최근에는 마을에 골프장이 들어서는 것을 반대하다가 마을 이장이 될 정도로 환경 의식이 투철하다. 소개해 준 금창영 농민의 말로는 '텀블러가 없으면 물을 마시지 않을 정도'란다. 소농이자 활동가, 여성 농민인 그는 기후 위기 시대를 살며 어떤 걱정과 고민을 하고 있을까. 6월 중순 극심한 봄 가뭄 끝에 잠깐 단비가 지나간 날, 장곡면 자택에서 곽현정 농민을 만나 이야기를 들었다.

친환경 농산물, 문제는 판로가 아닌 가격

젊은 시절부터 농사에 환상을 가지고 있던 곽현정 농민은 막상 내려와 보니 아는 게 없어 이웃 농가에 품앗이를 다니며 농사를 배웠다. 처음에는 세 명의 친구와 협업해 감자나 고추, 고구마를 주로 키우다가, 지금은 여성 농민 둘이서 양파나 양배추, 대파를 친환경 농법으로 생산하고 있다. 농사 규모는 매해 1000평에서 3000~4000평을 왔다 갔다 하는데, 최근 이장이 되면서 800평 정도로 규모를 줄였다. 대부분 납품 농사를 짓고 틈새에 자급을 위한 농사를 짓는다. 사실 한 품목을 많이 재배해야 일손도 적게 들고 돈이 되지만 실패하면 큰 타격을 입기 때문에 위험을 감수하며 규모를 늘리고 싶지는 않았다고 한다.

"상업농을 하려는 분들은 큰 필지의 땅에서 단작하는 경우가 많아요. 그런 경우에는 한번 망하면 크게 망하기 때문에 그 정도 위험을 감당하며 규모를 늘리고 싶지는 않았어요. 대농은 대부분 리스크를 안고 농사를 짓기 때문에 투기성 사업이라고 이야기하지요. 저처럼 망하지 않을까 겁내는 농민은 한 품목만 1000평 이상 단작하지 못해요. 제가 농사로 가장 많이 벌었을 때가 2~3년 전인데, 둘이서 3000평 농사를 지어서 1400만 원씩 나누어 가졌습니다."

곽현정 농민이 운영하는 새내기 귀농인의 실습 텃밭.

생산한 농산물은 지역 유기농 영농조합에 납품하고 이는 최종적으로 친환경 생협에서 판매된다. 친환경 농산물의 경우 보통 판로를 찾기 어렵다는 이야기를 많이 하는데, 곽현정 농민은 진짜 문제는 '판로가 아니라 가격'이라고 말한다. 가격이 싸면 다 팔 수 있는데, 생산자가 원하는 생산비와 가격이 있으니 팔기 어렵다는 것이다. 생협이나 공공 급식에 친환경 농산물을 납품할 때도 가격을 협상하는데, 늘 생산자가 원하는 가격 수준을 맞추기가 어렵다. 특히 몇몇 품목은 가격이 낮게 형성되어 인건비도 나오지 않을 정도. 20년째 조합 수매를 하는 감자 10킬로그램 한 박스 가격이 1만 원 남짓이다. 곽현정 농민도 처음에는 감자를 많이 심었지만, 안 심은 지 3~4년 정도 되었다. 생산 원가는 갈수록 높아지는데 소비자가격은 그대로이다 보니, 그 차이는 해를 거듭할수록 빨라지는 농부들의 손놀림으로 메우고 있는 실정이다.

'기만적'인 유기농 인증 시스템

곽현정 농민은 최근 마을에서 흙을 공부하며 농사에 관한 생각이 크게 바뀌었다. 흙 1센티미터가 생겨나기까지 200년이라는 긴 시간이 걸리는데, 장맛비가 오면 맨땅의 흙 몇백 년 치가 유실될 수 있다는 사실을 듣고서 깜짝 놀랐다. 땅을 갈고 각종 자재를 투입해 흙 속 미생물을 죽이는 현대의 농업이 약탈 농업이라는 사실도 공부하면서 알게 되었다. 그러고 보니 자신도 친환경 농사를 지었지만 유기농 인증 시스템에만 갇혀 있었던 게 아닌가 반성을 하게 되었다.

"유기농 인증 시스템에서 정해둔 것들만 지키면 된다고 생각했는데, 우물 밖으로 나와 보니 그게 아니었던 겁니다. 친환경 인증 시스템이 정말로 친환경이 아니고, 오히려 기만적인 제도라는 생각이 들었습니다. 생협 기준에 맞추어 작물을 잘 키우기 위해 했던 고투입 방식, 그러니까 퇴비 많이 주고 농약유기농 자재 치고 경운하는 것이 사실 전혀 친환경적이지 않았다는 사실을 깨달았습니다. 유기농 자재로 나온 농약도 몇 해 지나면 못 쓰게 하는 경우가 있는데, 그럼 이게 유기농이 맞았나, 하는 생각이 들 때도 있어요. 경운하면 흙이 유실되는 문제도 발생하고요. 그러면서도 친환경 농사를 짓는다는 자부심을 가지고 있었는데, 지금 생각해 보면 부끄러운 일입니다."

크고 예쁘게 키우는 데 희열을 느낀 적도 있었지만, 요즘은 투입을 최소화하고 조그맣게 키우는 방식으로 농법을 바꾸려 노력하고 있다. 개인의 농법을 바꾸는 것을 넘어 동네 사람들에게도 경운하지 않고 농사짓는 방법을 찾아보자고 이야기하기도 한다. 최근에는 생협 교류회에서 이러한 친환경 농업에 대한 문제의식을 소비자에게 적극적으로 전달하기도 했다. 그림같이 예쁜 농산물을 싸게 사 먹으려는 마음을 버리고, 대신 탄소를 배출하지 않는 방식으로 생산한 농산물을 먹겠다고 생협에 요구해 달라고 말이다.

"생산자는 소비자가 원하는 걸 해 주려 하는데, 소비자가 싸고 예쁜 농산물을 원하니까 생산자도 자꾸 무리해서 고투입 농사를 짓고 친환경 약을 많이 쓰게 됩니다. 가격도 낮추어야 하고요. 하지만 그러한 방식은 아무리 친환경이라도 지속 가능하지 않거든요. 양파를 예로 들면 1개 중량이 160그램 내외인 게 오래 보관하기도 좋고 맛도 좋은데, 생협에서 납품을 200그램으로 요구하니까 생산자는 어쩔 수 없이 고투입할 수밖에 없어요. 생산자 입장에서도 기술만 있으면 물, 액비, 퇴비를 많이 주어서 크게 키우는 일이 어렵지 않거든요. 큰 농산물을 사 먹는 게 영양 면에서도 소비자 입장에서도 좋은 게 아닙니다. 농산물의 외모보다 탄소를 다량 배출하는 농산물을 먹지 말자는 인식이 생겨야 할 것 같아요. 퇴비를 많이 투입하지 않고 경운하지 않은 밭에서 나온 생산물이 탄소 배출이 훨씬 적겠지요."

곽현정 농민은 여성 농민과 협업해 양파와 대파를 재배한다.

농업의 문제는 농민만의 문제가 아니다

곽현정 농민은 기후 위기를 극복하려면 무경운·저투입 보존농업으로 빨리 전환해야 한다고 생각한다. 최근 많이 논의되고 있는 '정의로운 전환'을 사람들의 '경작 본능'과 접목하면 좋은 정책이 나오지 않을까, 상상하기도 한다. 하지만 상상이 실현되기에는 위정자들이 농업에 관심이 없다는 게 문제다.

"사람들은 농업에 너무 무지해요. 흙만 있으면 씨 뿌려서 키우고 수확하면 된다고 생각합니다. 농촌을 바라보는 시각도 비슷해요. 우리를 존재하지 않는 사람처럼 여길 때가 많지요. 공무원들도 농업에 대한 이해가 없다니 아무리 설명해도 항상 '도루묵'입니다. 그림 속 농촌의 상을 아직도 떠올리곤 해요. 양배추 수확하고 너무 무리해서 몇 날 며칠 아파서 잠 못 자고 한의원 다니면서도 농사짓는 농민의 삶을 이해하지 못해요. 그렇다고 이 사람들에게 나의 삶을 이해해 달라고 강요하거나 이해시킬 수도 없고요. 그렇다면 더 큰 통에, 더 큰 의제에 농민의 문제를 담아야 한다고 생각합니다."

곽현정 농민은 농민의 문제는 농민 혼자서는 풀 수 없다고 생각한다. 농민들은 이미 파편화되고 개별화되어 하나의 목적과 이

양배추를 수확하는 모습.

해관계로 모으는 게 굉장히 어렵다. 일각에서는 농민이 당이 없어서 홀대받는다, 농민이 뭉쳐서 당을 만들어야 한다고 말하는 사람도 있지만 곽현정 농민은 이 생각에 회의적이다. 모든 농민이 동의할 수 있는 구호를 만들 수 있을까? 농민이라는 실체도 불분명하고, 각자의 이해관계도 매우 달라 첨예하게 부딪친다. 축산하는 사람도, 대농도, 소농도, 텃밭을 가꾸는 사람도 다 농민이니 말이다. 농민처럼 소득 격차가 큰 그룹도 없다.

곽현정 농민도 농민으로서 마주하는 문제를 해결해 보려고 관이나 주민 조직을 쫓아다니기도 해 보았지만 농민만 목이 터져라 외쳐서는 문제가 해결되지 않는다는 사실을 깨달았다. 농업 문제는 농민만의 문제가 아니라 전 인류가 풀고자 노력해야 하는 문제로 위치 지어야 해결할 수 있다고 곽현정 농민은 힘주어 말한다. 기후 위기 해결과 지속 가능한 농촌을 만드는 일, 지속 가능한 세상을 만드는 일은 모두 연결되어 있다.

"지금 농사지으려 내려오는 사람은 우리처럼 한의원 다니며 농사지으려고 오는 게 아니에요. 지금처럼 고투입 노동, 고투입 자본으로 계속 나아간다면 농촌은 곧 소멸할 겁니다. 환경과 인권 측면에서 농업과 농민을 바라보면서 큰 그림 속에서 농민 수당이나 기본 소득 같은 정책이 나와야 한다고 생각합니다. 무엇보다 사람들이 무엇이 정말 중요한지 질문하며 살고 있는지 의문이 들 때가 많아요. 우리 대에서 세상을 끝장내고 싶은 건가 하는 생각도 들고요. 우리 자식들이 잘 살려면 어떤 세상을 만들어야 할지 다 같이 생각해야 하지 않을까요?"

글
이다예

사진
이아롬
곽현정

쌀 × 전북 고창군 · 이승용

"국제 곡물가는 오르고 있다는데
쌀값은 왜 떨어지는지 모르겠어요."

기후 위기보다 생산비 상승, 가격 폭락이 더 체감되는 위기

고창은 해남, 무안과 함께 우리나라에서 대규모 영농이 이루어지는 대표적인 지역이다. 대규모 영농이 이루어지는 지역은 농사 규모가 몇만 평부터 시작해 10만 평이 넘는 농가도 있다. 정부가 영농 규모를 키우는 것을 지원하고, 사회적으로도 규모화·기계화를 통해 수익을 올리는 게 당연하게 인식되고 있다. 하지만 기후 위기 시대에도 이러한 방향이 맞다고 할 수 있을까? 대규모 영농을 하는 농민들은 현재 어떤 상태이고, 어떠한 어려움을 겪고 있을까? 모내기가 끝나고 한시름 돌린 직후인 7월 초, 고창군 성내면에서 6만 평 규모의 벼농사를 짓는 이승용 농민을 만나 이야기를 나누었다.

2006년 고향에 내려와 농사짓기 시작한 이승용 농민은 현재 자가 소유 2만 평, 임대한 땅 4만 평에 벼농사를 짓고 있다. 처음에 7000평으로 시작해 점점 농사 규모를 늘려 왔다. 당연히 농기계 일습을 갖추었으며 트랙터는 여섯 대나 된다. 규모가 큰 만큼 매출도 많지만 나가는 돈도 많다.

"규모가 크다 보니 주변에서 농사 크게 지으니까 돈 많이 벌겠다고 말하는 분들이 있어요. 말도 안되는 이야기입니다. 6만 평 벼농사 지어서 1년에 3억 원의 매출을 올립니다. 하지만 농가를 경영을 하다 보면 기계 장비라든가, 인건비와 임대료로 나가는 금액이 많잖아요. 애초에 규모가 크니까 자금 자체를 많이 투자해야 해요. 투자라고 하면 보통 기계를 구입하는 비용만 생각하는데, 기계 수리비만 해도 매년 1000만 원은 그냥 없어집니다. 면세유가 있긴 하지만, 기름값도 어마어마하게 들고요."

인력난에 유가 상승, 쌀값 폭락까지

대단위 농사를 짓는 곳이 많은 고창은 대규모 농가를 중심으로 인력 독점 현상이 나타난다. 평균 인건비가 10만 원이라면 인력이 급한 이들은 2만~3만 원씩 얹어 노동자를 데려간다. 양파 작업 시기가 되면 하루 일당이 20만 원까지 올라가기도 한다.

논농사는 대부분 기계를 사용해서 평소에 관리할 때는 혼자서도 충분하지만, 이앙모내기 작업처럼 인력이 꼭 필요한 시기가 있다. 때를 당기거나 미룰 수 없으니, 이때는 인건비가 아무리 비싸도 사람을 써서 일을 한다. 이앙기 한 대에 서너 명이 붙어 함께 움직이다 보니, 하루 인건비만 수십만 원이다. 그러지 않아도 숙련자가 필요한 작업이라 사람 구하기 어려운데, 코로나19 이후 이주 노동자가 국내에 들어오지 못하다 보니 사람 구하기가 더욱 어려워졌다. 최근 들어 인건비와 각종 농자재 가격, 유가가 치솟으면서 생산비는 증가했지만 쌀값은 오르기는커녕 오히려 떨어지는 추세라 쌀 농가는 걱정이 이만저만이 아니다.

"작년에는 5~6월 기름값이 1리터에 600원도 되지 않았는데, 지금은 1600원이 넘었습니다. 기름값도 폭등하고, 인건비도 엄청나게 상승했는데 농산물 가격이 그만큼 올라가지는 않지요. 보조금을 주기는 하지만 항상 모자라요. 올가을 수확기에 일반 벼 가격이 5만 원은 나올지 모르겠어요. 지금 40킬로그램 조곡도정하지 않은 벼 가격이 5만 원에서 5만 2000원 사이에서 왔다 갔다 하는데, 신곡그 해 수확한 벼이 나오면 5만 원 선도 무너질 것 같아요. 쌀을 가지고 있는 농협이나 농민들은 적자가 어마어마해요. 농협도 몇십 억씩 까먹고 있습니다. 저도 찰벼를 40톤 가지고 있다가 1000만 원 정도 까먹었어요. 보관

모내기 작업에 동원된 이앙기. 이앙 작업 때는 인력이 꼭 필요하다.

하고 있던 걸 얼마 전에 처분했는데, 곧 가격이 또 떨어지더군요. 작년에는 찰벼 가격이 출하 시작 1주일만에 완전히 무너져 버렸어요. 보통은 여름 지나면 가격이 올라야 하는데, 올해 같은 경우 계속 뚝뚝 떨어지고 있습니다. 그러니까 보관까지 했는데 앉아서 1000만 원이나 까먹은 겁니다. 저는 아직 적자를 볼 정도는 아니지만, 주변에는 마이너스까지 간 사람들이 아주 많아요. 벌써 '나 내년부터 농사 못 짓겠네, 자네가 해'라면서 하소연하는 분도 있어요."

쌀 가격은 2021년 10월부터 하락하기 시작했다. 2022년 9월 수확기가 되자 1979년 통계를 작성한 이래 45년 만에 가장 큰 폭으로 떨어졌다. 전년 대비 25퍼센트나 떨어진 것이다. 정부가 쌀 수급 예측에 실패하며 적절한 시장 격리 대책을 내놓지 않은 것이 원인으로 지목되었다.

농민들의 아우성이 빗발치자 정부는 뒤늦게 쌀 45만 톤을 시장 격리하겠다는 대책을 내놓았다. 반복되는 쌀값 하락을 막기 위해 초과 생산된 쌀의 시장 격리를 의무화하는 양곡관리법 개정안이 2023년 3월 국회를 통과했으나 대통령이 거부권을 행사해 끝내 부결되었다. 정부는 쌀 소비가 줄어들고, 쌀이 과잉 생산되고 있다고 말하지만, 쌀 자급률이 100퍼센트가 되지 않을 뿐만 아니라, 무턱대고 쌀 재배를 줄이기에는 식량 주권 측면도 무시할 수 없다.

빨라진 여름, 길어진 장마

기후변화로 여름이 빨리 더워지고, 장마 기간도 매우 길어지다 보니 논농사 시기도 크게 바뀌고 있다. 고창에서는 5월부터 모를 심기 시작해 6월 중순까지 45일 정도가 모내기 철이었다. 농업기술센터에서도 6월 초가 이앙 적기라고 안내하지만 요즘은 5월 안에 모내기를 끝내는 농가가 대부분이다. 날씨가 일찍 더워지니 서리 피해만 막을 수 있다면 빨리 심을수록 수확률이 높기 때문이다.

"이앙을 늦게 하면 장마가 끼잖아요. 보통 6월 15일부터 장마가 시작되니 일조량이 낮아 모에 포기가 안 차고 키만 커 버려요. 그럼 수확량 자체가 떨어지죠. 작년의 경우에는 늦게 심은 신동진 품종이 많이 웃자랐어요. 신동진은 이 지역에서 보통 6월 10일, 빨리 심는 분들은 6월 5일 정도에 심습니다. 늦으면 15일까지도 심지요. 보리 수확하고 바로 거기에 하거든요. 그렇게 해야 벼가 쓰러지는 것을 피할 수 있는데, 작년 그맘때 비가 많이 왔습니다. 늦게 심은 신동진은 정말 끝장이 났지요. 그렇게 작년에 늦게 심었던 분들이 고생을 많이 했기 때문에 올해는 다들 1주일, 열흘 정도로 이앙 시기를 다 당겨 버렸어요. 보리 심은 분 외에는 6월에 모를 심은 사람이 없습니다.

거의 5월 말까지 이앙이 다 끝나요. 모내기 기간이 짧아지니, 사람 구하기가 더 어려워졌습니다."

긴 장마는 논농사에서 가장 큰 어려움이다. 이승용 농민은 두 달 가까이 비가 온 2020년 장마를 잊지 못한다. 그해에는 수확량이 평년의 절반 수준으로 떨어졌다. 신동진 품종을 많이 심은 전북 지역에서 특히 피해가 심해서 재난 지역으로 선포해 달라는 말까지 나올 정도였다.

"2020년에 신동진 때문에 피해가 심했어요. 신동진이 병충해, 특히 입마름병에 취약하거든요. 장마가 계속되니까 벼에 도열병, 문고병이 와서 벼가 썩고 다 주저앉았어요. 비가 오지 않을 때 잠깐 시간 내서 농약 치러 나가야 했습니다. 비가 계속 오면 벼가 굉장히 약해져요. 나방과 멸구가 다 뜯어 먹어서 벼에 잎이 남아나지 않을 정도였어요. 그해 농사는 완전 망했지요."

긴 장마 때문에 쓰러진 벼.

값싼 농산물 이면에는

농민회에서도 활동하는 이승용 농민은 작년부터 CPTPP◆에 반대하는 집회에도 참여하고 있다. 관세 철폐와 수입 품목 개방으로 이어질 무역협정이 체결된다면 "농사짓는 사람들은 하루빨리 한국을 뜨는 게 답"이라고 그는 말한다. 이승용 농민에게 우리나라 농업의 전망은 분노와 암울함 그 자체다.

"농민을 죽이겠다는 거죠. 다른 산업 때문에 협정을 맺으려는 건데, 자동차 수출해서 농민들한테 해 준 게 하나도 없잖아요. 보조금도 준 적 없고 농업은 계속 피해만 보았어요. 당장 기후변화가 문제가 아니라 이게 정말 큰 문제입니다. 지금은 어쩔 수 없이 농사를 짓고 있지만, 개인적으로는 '다 망해 버려라, 다 죽자' 하는 생각도 들어요. 먹고살려고 농사를 짓는 건데 수익이 전혀 창출되지 않잖아요. 농사짓는 제가 이런 이야기를 하면 비농업인들은 누가 너한테 농사지으라고 했냐고 말해요. 그러면 저는 내가 이렇게라도 농사를 안

◆
포괄적·점진적 환태평양경제동반자협정은 아시아·태평양 지역 11개국이 결성한 다자간 자유무역협정FTA으로, 가입할 경우 농수산물 수입 확대에 따른 농수산업계의 피해가 우려된다.

지으면 당신은 싼 가격에 농산물을 사 먹을 수 없다고 대꾸합니다. 누가 농산물 가격이 비싸다 어쩌다 이야기하면 저는 '그래 네가 한번 지어 봐라, 내가 사 줄게'라고 합니다. 어쩌다 뉴스에 농산물 가격이 비싸다는 이야기가 나오잖아요. 물가지수가 6퍼센트 이상 오르고 국제 곡물가는 그렇게 오르는데 쌀은 왜 반대로 떨어지는지 모르겠어요. 농사를 지을수록 자선사업을 하는 것 같은 느낌이 들어요. 외국인 인력 먹여 살리고, 농자재상 먹여 살리고, 농협 먹여 살리려고 농사짓는 거나 다름없습니다."

흔히 '대농' 하면 떠올리는 이미지와 달리 이승용 농민의 이야기는 대부분 억울하고 속상한 사연으로 가득 차 있다. 인력난, 영농 비용 상승, 농산물 가격 폭락, 농산물 수입 개방, 기후변화까지 거론하지 않더라도 한국에서 농민으로 살며 겪는 어려움은 손에 꼽을 수 없을 만큼 많다. 하지만 마냥 주저앉지만은 않는다. 지금 닥친 어려움을 극복하기 위해 다양한 벼를 심어 보고, 결과가 좋은 품종에 관해 이야기하는 이승용 농민의 모습에서는 즐거움과 기대가 묻어났다. "어쩔 수 없이 농사짓는다"고 말하지만, 결국 그도 천생 농사꾼이었다.

종합미곡처리장에서 수매를 기다리는 벼.

글
금창영

사진
이승용
이아롬

고추·생강·쌀 × 경북 상주시·김정열

"피해를 이야기하기보다는
대안을 만들어 나가고 싶어요."

기후 위기의 '피해자'로 머물지 않기

2022년 8월, 경북 상주시에서는 폭우 없이 맑은 날이 불과 며칠 되지 않았다. 32년간 친환경 농사를 지어 오며 그만큼 농민운동가로도 활동해 온 김정열 농민은 우리를 만나기 전까지 그의 표현대로 '물 속에서' 고추를 땄다. 연달아 내린 폭우로 밭이 온통 흥건해진 탓이다. 그해 가장 처음 수확하는 고추를 첫물고추, 그 뒤로 보름 정도 간격을 두고 두 번째로 따는 고추부터 두물고추라 부르는데, 두물고추는 고추의 모양이 잘빠지고 빛깔과 맛이 가장 좋아 인기가 많다. 하지만 지독한 봄 가뭄 끝에 몰아친 폭우를 그대로 겪어 낸 김정열 농민의 노지 두물고추는 병들고 형편없는 모양으로 자랐다.

"고추도 변화하는 날씨 패턴에 적응하지 못했어요. 기온이 35도를

습기에 취약한 고추가 7~8월에 몰아친 비로 병이 들었다.

넘어가면 열매도 잘 맺히지 않고요. 고추는 땡볕에서 일하고, 병해도 많아 어떨 때는 전혀 못 따는 해도 있어 워낙 재배하기 힘든 작물이라고들 해요. 그래도 올해는 너무 힘들더라고요. 이제는 고추 농사마저 접어야 하나 생각했는데, 그러면 남는 게 없겠더라고요."

김정열 농민에게 고추는 몇 남지 않은 '주작목대표적으로 생산하는 농산물'이다. 친환경 농사를 짓는 농민으로 살아오는 동안 노지에서 키울 수 있는 작물이 점점 줄어들었기 때문이다. 노린재 때문에 오래전 콩 농사를 포기했고, 2018년 폭염 이후 양파가 점점 물러져서 접을 수밖에 없었다. 2022년에는 상추, 생강, 고추를 넉넉히 키워 꾸러미로 보내고 로컬 푸드 매장에도 내놓았다. 앞으로 봄 가뭄이 길어지고, 짧은 장마 이후 폭우가 내리는 것이 패턴이 될 텐데 고추 농사마저 접어야 하나, 고민이 크다.

맨땅에서 농사짓고 투쟁한 32년

1990년, 김정열 농민은 상주농민회에 간사가 필요하다는 소식에 한달음에 이주했다. 그는 대학 시절 농활에 참여하며 처음 농사일을 경험했는데 '전생에 농민이 아니었을까' 싶을 정도로 농사가 좋아서 큰 고민 없이 농촌에 정착했다. 그때는 학생운동이 활발한 시대였고, 농민운동의 호황기라 그렇게 사는 것이 당연하다고 생각했다.

"지금은 농민 전체가 221만2021년 농림어업 조사 결과 기준 명이라지만 당시에는 700만 명이었거든요. 1년에 한 번 하던 시군 단위 농민대회에만 5000명이 모이기도 했지요. '우루과이라운드1993년 타결한 다자간 무역 협상'도 있었고, 추곡 수매를 하던 때라 가을만 되면 피 터지게 싸웠어요. 그때는 농민들이 상주 시내에 죽창을 들고 나갈 정도로 강성이었습니다."

농민회 회장님 댁에서 살며 활동을 시작했고, 그때 이웃이 내준 200평 남짓한 텃밭에 작은 규모로 들깨를 심었는데, 성공적이었다. 농촌과 농사가 좋아서 농민회 사람과 결혼했고, 본격적으로 농민으로 살기 시작했다. 그때부터 1만2000평 규모의 논과 1000평 노지에서 자급하는 채소를 비롯해 다양한 품종의 밭작물을 기르고 있다.

평생 농민의 권리를 위해 헌신했지만 농산물 가격을 제대로 받지 못했고 생활도 불안정했다. 그러다 우리나라에서 유기농 쌀 가격을 가장 높게 쳐 주는 '가톨릭농민회'에 가입하며 벼농사는 안정을 찾았고, 2011년 '언니네텃밭' 단장을 맡아 본격적으로 전국 활동을 시작하며 소규모 농사의 판로를 개척했다. 지금은 지역 농민이 모여 직접 세운 로컬 푸드 매장의 이사장을 맡으며 국제 농민운동 네트워크 '비아캄페시나'의 국제조정위원으로 활동하니 지역과 전 세계를 넘나들며 활약하는 셈이다. 하지만 농민은 점점 줄어들고 그만큼 농민의 입지도 좁아지는데, 이제는 기후 위기마저 농민의 삶을 위협하기 시작했다.

"1994년에도 폭염이 있었지만 '날씨가 안 좋았다'고 생각했습니다. 그러다 2018년에 깨밭에서 일하던 동네 할아버지가 쓰러지는 일이 있었어요. 그때부터 어느 해는 춥고, 어느 해는 더운 게 아니라 '진짜 기후 위기구나'라는 생각이 들더라고요. 기후 위기라고 생각하니 모든 문제가 민감하게 다가왔습니다.
올해는 벌레가 유난히 많았는데, 올해같이 노린재가 극성인 해는 처음이에요. 노린재가 주로 붙는 곳이 콩인데, 올해는 모든 작물에 붙으니까 집에서 먹으려고 심은 옥수수, 토마토, 가지까지 잘 되지 않더라고요. 이제는 한두 작물만 안되는 것이 아니라 그냥 위기가 일상이 되었어요. 이러다 노지 농사를 짓는 사람들은 아예 포기하거나 시설로 전환하거나 할 테고, 노지 밭농사는 10년 안에 없어질 것 같습니다. 지을 사람도 없고 생산비도 안 나오니까요."

그래도 대안은 있다

김정열 농민은 2019년 쿠바에 다녀온 이후 농생태학에 깊이 매료되었다. 그는 우리나라에서 이념과 철학으로만 만났던 농생태학을 남미에서 직접 보았다. 그곳에서 목격한 농생태학이 적용된 농법은 수확량과 자급률을 높여 준 성공적인 방법이었다. 외부에 의존하지 않고 자연 생태계 안에서 행하는 농사와 철학이라 농민이 굉장히 행복하겠다는 기대가 들었고, 또 직접 해 보니 노동력이 덜 들면서 수확량은 늘어났다. 그렇게 성공한 작물이 잎채소가 드문 여름철 로컬 푸드 매장에서 크게 히트한 여름 상추였다. 그는 이렇게 앞으로 성공하는 작물을 늘리면 주변 농민들을 설득할 수 있을 거라 굳게 믿고 있다.

"농생태학이 말하는 농법은 '원칙적으로는 좋지만 돈 벌기도 어렵고 육체적으로 힘들기만 하다'는 인식이 있어요. 이제 노동량을 적게 투입해도 수확량이 많다는 것을 증명하기 위해 농생태학을 연구하고 적용하고 확산하는 역할을 하고 싶어요. 농촌에는 대규모 농사를 짓는 농민이 많고, 큰 규모를 유지하다 보니 외부 기계에 의존하게 됩니다. 그렇게 살면서 농생태학을 실천할 수는 없지요. 자본주의 소비 구조 속에서 사는 것을 지양하면서 어떻게 농사를 지을 것인가 고

농생태학으로 채소를 비닐 없이 풀과 함께 키우고 있다.
노동력을 적게 들이고도 수확량을 높일 수 있었던 비결이다.

민하고 있다면 농생태학이 좋은 해답을 줄 것 같습니다. 완벽하지는 않지만 같이 연구하며 만들어 나갈 수 있는 부분이라고 생각합니다."

그가 사는 상주시 봉강리는 그와 동료 농민들이 기계의 개입을 최소화하면서 농민의 손길로 다양한 품종을 조금씩 나누어 키우는 다품종 소량 생산 동안 상주의 대표 유기농 마을로 자리 잡았다. 한편 상주시 사벌국면에는 1500억원 정도의 사업비를 들여 완성한 전국 최대 규모의 스마트팜혁신밸리가 2022년에 들어섰다.

"스마트팜혁신밸리는 청년과 기후 위기를 이유로 상주에 들어왔어요. 그나마 한국이 1차 생산 기업이 들어오는 것을 막고 있는데, 이미 생산 분야 중 종자는 기업에 넘어갔고 육묘도 기업에 넘어가는 중입니다. 이제는 농업 생산도 기후 위기를 핑계로 더 빠르게 넘어가겠죠. 하지만 이런 상황에 대비해 싸울 사람이 없어요. 앞으로 저는 농사 규모를 줄이려 하는데, 힘들어서라기보다 줄여야 할 나이가 되었기 때문입니다. 그리고 농사 규모를 줄이는 데 기후 위기가 더 크게 영향을 줄 것 같아요. 아마도 더 많은 농민이 더 빨리 농사를 포기하겠죠. 돈 벌기도 힘들고 보람도 없으니까요."

그와 같은 농민이 줄어든다는 건 소농이 없어진다는 뜻이다. 소농은 다양한 먹을거리를 보다 친환경적으로 생산할 뿐 아니라 농촌에 뿌리내려 살며 농촌을 지탱하는 이들이다. 이들이 사라지는 건 생물 다양성과 농촌 문화가 사라지는 일이다. 하지만 그는 마냥 비관하며 포기하지 않는다.

"기후 위기에 관해 처음 발언했을 때는 제가 겪은 피해만 발언했어요. 그러다 작년부터 농민의 피해만 말하는 것이 불편해지더라고요. 기후 위기 속에서 농민이 피해를 보는 것도 사실이지만 농업이 기후 위기 상황을 막는 일에 기여할 수 있는 부분도 있고, 농업과 식량도 중요한 부분이라 농민을 피해자로만 두고 싶지 않다는 생각이 들었습니다. 이제는 '기후 위기 시대에는 어떤 방향으로 가야 할 것인가'에 관한 이야기를 해야 할 때가 아닐까요. 기후 위기에 관심을 두고 해결하기 위해서는 농업을 볼 수밖에 없어요. 기후 운동하는 사람과 농민이 만나 농업 이야기를 하는 게 곧 희망이 아닐까요. 기후 운동이 우리를 다시 연결해 주고, 농민들에게 힘을 주고, 기후 위기를 완화하는 길을 만들 수 있지 않을까 기대합니다."

글
이아롬

사진
김정열

채소 × 충북 괴산군 · 김진민

"감당해야 할 것이 많은 농사, 기후변화도 한몫하죠."

1퍼센트의 생존법

흔히 농촌의 고령화를 이야기할 때, 40대 미만 청년 농가의 비율이 1퍼센트가 되지 않는 수치를 예로 든다. 1퍼센트도 안되는 숫자의 청년 농가가 미래 농촌을 짊어져야 하는 것이다. 이에 정부는 다양한 정책으로 청년 창업농을 지원하고 있지만 자급자족을 지향하는 청년이나 대규모 시설 농사를 생각하는 청년, 혹은 부모님의 대형 축사나 농지를 승계하는 이까지 담아내지는 못한다. 그러니 현장에서는 끊임없이 문제를 제기한다.

정부의 지원과 상관없이 농촌에 정착해 어떻게든 농민으로 살아 보려고 애쓰는 청년은 존재한다. 2016년 충북 괴산군으로 귀농한 30대 청년 김진민 농민도 그중 한 명이다. 결혼 후 기반 없이 농촌으로 이주해 농사지으며 세 아이를 키우는 그에게 본인과 같은 사례가 지역에 있냐고 물으니 웃으며 손사래를 친다.

"없어요. 완전 천연기념물이지요. 귀농해서 아이 낳고 적극적으로 지역에 스며들려 노력하는 사람은 드물어요. 그나마 지역 청년 90퍼센트 이상은 후계농이고, 대부분 아버지 농사를 이어받고 있습니다. 사실 귀촌은 몰라도 이제 귀농은 쉽지 않아요. 저도 남들에게 선뜻 권하지는 못합니다."

김진민 농민은 청소년기부터 농사를 지었고 이제는 1만여 평 규모의 땅을 일구는 농민이 되었다. 지역에서 농사와 생협 운동, 지역 활동을 동시에 하며 살아가는 그를 만나 기후 위기 시대에 농사짓는 청년은 어떤 고민을 하는지 물었다.

1000평 규모가 1만 2000평이 된 사연

김진민 농민은 귀농한 첫해 땅 1000평을 얻었다. 그해에 '멘토멘티귀농·귀촌 초보자와 멘토를 일대일로 연결해 정착을 지원하는 프로그램' 제도 덕분에 지역 영농조합 법인 대표와 맺은 인연으로 정착에 도움을 받았고, 조합에서 일하면서 동네 농민을 따라다니며 지역과 농사를 배웠다. 이듬해 생계를 위해 유통할 수 있는 양배추, 브

로콜리, 옥수수를 재배했다. 귀농 후 생업 농민이 되며 1000평 땅은 3000평으로 늘었고, 자녀가 태어나면서 5000평으로 늘어났다가 두 명의 자녀가 더 태어나며 지금은 1만2000평까지 규모가 커졌다.

"자녀가 늘어나다 보니 농사 규모를 늘릴 수밖에 없어요. 중간에 지인이랑 협업 농장을 시작해 각자 농지 은행에서 땅을 얻었는데, 한 필지당 몇천 평 단위로만 나옵니다. 그렇게 얻다 보니 커졌지요."

3000평까지는 이웃 농민과 품앗이가 가능했지만 5000평부터는 사람을 고용해야 했고, 트랙터도 한 대 장만했다. 보통 농작업에 필요한 인력은 깻잎이나 쌈채소 같은 1일 작물을 재배할 때는 고용 계약을 맺어 일상적으로 고용 상태를 유지하지만, 그의 경우에는 일시적으로 많은 인원이 필요한 방식이라 일상 고용이 어렵다.

"인건비는 연 2000~3000만 원 정도 들어가는데, 용역 회사에서 인력을 구합니다. 우리 지역에서는 주로 태국에서 온 사람들이 일해요. 여기도 용역 회사를 통하면 불법체류자가 대부분이고, 간혹 사라지는 경우도 있어요. 마음 같아서는 합법으로 고용할 수 있는 '계절 근로자' 비자로 오는 분을 고용하고 싶은데, 숙소를 농가가 직접 마련

김진민 농민은 농사 규모가 늘어나며 트랙터를 장만했다.

해 주어야 합니다. 그럴 형편이 안되어서 고용하기 어려워요"

일상적으로 함께 일할 동료를 두고 싶어 지역 청년과 협업 농장을 운영하기도 했다. 1~2년 차에는 뭔가 될 것 같았지만 서로의 고민이 달라 결국 각자의 길을 가고 있다. 때로는 괴산 지역 '한국4-H본부'에 가입한 청년들의 도움을 받기도 한다. 그는 괴산 4-H의 사무국장으로 활동하고 있고, 괴산군에는 100명이 넘는 청년이 4-H에 가입해 활동하고 있다.

기후 위기 속에서 생협 유기농 생산자로 버티기

노지를 중심으로 규모 큰 농사를 짓는 그는 작업 일정을 맞출 때 날씨의 영향을 직접적으로 받는다. 그러기에 기후변화를 체감할 수밖에 없다.

"여기 온 지 7년 되었는데, 그동안 기후가 많이 바뀌었어요. 우선 건기와 우기처럼 장마가 길어졌지요. 한낮이 너무 뜨거워지면 가을 작기에 들어가기 어렵거든요. 작물 심는 시기랑 수확 시기가 겹쳐져서 힘든데, 심고 나서 날이 너무 뜨거우니 모종이 타 죽어요. 봄에는 냉해를 입기도 합니다. 옛날에는 이 지역에 어린이날까지 서리가 왔대요. 그러다 날씨가 따뜻해지니 시기를 당겼는데, 갑자기 4월 말이나 5월 초에 서리가 오기도 했습니다."

자연에만 맡기기에는 위험 부담이 크니 시설 농사가 필요한데, 시설 투자는 비용이 많이 들어가니 개인 농가에서 부담하기가 쉽지 않다. 최근 김진민 농민은 괴산군에서 지원하는 스마트 팜 400평을 운영해 보기도 했다.

"괴산군 지원 사업으로 스마트 팜 400평을 임대했는데, 내부 설비는 스스로 마련해야 합니다. 10년 정도 임대해 주었으면 진지하게 고민해 보았을 텐데, 개인 농가가 그걸 다 부담하기에는 수지 타산이 안 맞고 위험해서 2년 하고 말았어요. 괴산은 겨울에 영하 15도 이하로 떨어지는데, 시설 내부의 온도를 10도 이상 유지하려면 온도를 25도 높여야 하니까 감당하기 어려울 것 같아요. 그래도 양액 급수기로 물 주고, 뜨거우면 여닫는 걸 스마트 폰으로 조정하니까 편하더라고요. 하지만 여름에는 답이 없어요. 아무리 창 커튼을 쳐도 냉방을 하지 않으면 내부 온도가 35~40도까지 올라갑니다."

청년 농민에게 기후 위기는 원래 어려운 농사에 어려움을 하나

김진민 농민의 육묘장.

더한 정도다. 그나마 생협 생산자로 활동하며 안정적인 판로를 확보했기에 자신은 '남들보다 운이 좋은 편'이라 생각한다. 농업이 탄소를 배출한다는 말이 친환경 인증 농민에게 어떻게 들리나 물으니 직언을 던진다.

"괴산군이 '유기농업군'을 선포했지만 괴산 농민 중 친환경 농가가 5퍼센트도 되지 않습니다. 그 5퍼센트에 엄청난 지원이나 혜택을 주는 것도 아니고 기껏해야 농자재 보조인데, 그건 일반 농민도 받고 있어요. 그 농자재는 결국 수입해서 들여오고 석유를 써야 생산할 수 있는 제품이니 솔직히 농업은 탄소를 배출할 수밖에 없는 산업입니다. 그리고 우리나라 친환경 인증 방식도 문제입니다. 결과 중심적이어서 유기농이라도 잔류 농약이 검출되면 그해 농사를 망치게 되지요."

친환경 농사를 짓고 생협 활동을 하지만 생협의 '책임 소비'도 무너졌다는 입장이다. 그가 활동하는 생협도 농산물이 품위 기준에 맞지 않으면 받지 않는다. 그래도 생협 생산자이기 때문에 안정적으로 출하할 수 있고, 다른 생협 생산자의 농가를 볼 기회가 생기고, 공동으로 작업할 수 있는 여지가 있어 생협에 만족하는 편이다. 하지만 농민이 연령대별로 빈틈없이 구성되어야 하는데, 지금대로라면 세대 전환이 대대적으로 일어나 큰 문제가 생길 것이라는 염려도 있다.

"앞으로 유럽처럼 청년 몇 명이 농촌에서 대규모 농사를 짓게 되지 않을까요? 소품종 대량생산으로요. 정부에서 바라보는 농민의 기준도 소농보다는 대농에 맞추어져 있고, 대농과 소농은 발언권도 다릅니다."

그는 지금은 농사를 지으며 어려운 점보다 만족감이 크지만 앞으로의 농사와 지역, 생협 활동의 전망이 모두 어둡게 느껴진다고 말한다. 그래도 그는 올해 스마트 팜이 딸린 밭 2000평을 줄이고 농사를 좀 더 제대로 지으며 버텨 볼 생각이다. 10년 후 농촌은 어떤 모습일까. 1퍼센트의 무게를 짊어진 김진민 농민과 대화하면서 이런 질문을 던지게 되었다.

글
금창영

사진
김지영

쌀 × 전남 곡성군 · 김현인

**"농민이 나서서 정부보다
더 나은 대안을 만들면 좋겠어요."**

무경운 벼농사, 기후 위기 해결을 위한 농민의 시도

전남 곡성군에 사는 김현인 농민은 농과대학을 졸업하고 전라도 언저리에서 40여 년 동안 농사를 지어 왔다. 처음에는 과수 농사를 지었으나 우루과이라운드 이후 쌀 시장이 개방되자 '나라도 쌀을 지켜야겠다'는 생각으로 벼농사를 짓기 시작했다. 한때는 몇만 평씩 벼농사를 지었으나 지금은 대부분 정리하고 논 한 마지기논 한 마지기는 볍씨 한 말의 모를 심을 만한 넓이로, 약 150~300평 규모만 남았다. 최근에는 곡성군 농민회에서 탄소정의농사위원회를 만들어 주변 농민들과 함께 무경운 벼농사를 시도하고 있다.

김현인 농민을 만나러 간 10월 말, 예년이면 이미 끝났을 추수를 끝내지 못한 남도의 논이 당면한 기후 위기 문제를 여실히 보여 주는 듯했다. 인간은 느끼지 못하지만 작물은 기후 위기를 열매의 결실을 늦추는 것으로 적응하고 있었다. 70대 나이에 무경운이라는 새로운 농법을 시도하고 있는 그는 기후 위기와 농업에 대해 어떤 고민과 생각을 가지고 있을까? 곡성군 농민회에서 운영하는 식당인 '농부밥상 산책'에서 김현인 농민을 만났다.

코로나19, 전환의 기점

김현인 농민이 무경운 벼농사를 시작하게 된 계기는 팬데믹을 겪으면서부터다. 오랜 시간 유기농업을 실천해 온 김현인 농민은 코로나19를 겪으며 기존 농사 방식을 돌아보게 되었다고 한다.

"저도 지금까지 유기농업에 관심을 가지고 실천해 왔다고 하지만, 살균제나 살충제 같은 유기농 자재를 아무렇지 않게 써 왔어요. 내 몸에 직접적으로 해를 끼치지 않는다는 이유로 그렇게 해 왔는데, 코로나19가 터지고 나서 이러한 바이러스를 만든 장본인이 바로 나 자신이라는 생각이 들더라고요. 생태계의 균형을 깨뜨린 것이 바로 우리니까요. 생각해 보면 코로나19를 겪기 전부터 농사에는 팬데믹이 수십 년 전부터 있었어요. 벼에 도열병이 생기거나 배나무에 흑성병 같은 병이 오면 팬데믹처럼 작물을 싹 쓸어 버리잖아요. 그걸 해결하는 방식은 약을 치는 거였죠. 유기농업에서도 살육전이 벌어지는 건 당연했고요. 코로나19를 겪고 나서 이런 팬데믹을 종식시키려면 생태계에 조금이라도 도움이 되는 일을 해야겠다고 생각했어요. 그러려면 땅을 건드리지 말아야겠다는 생각이 들어서 무경운 농사를 하게 되었고요. 우리가 살고 있는 환경과 가장 적극적으로 연결된 부분이 농업이잖아요. 땅이 본래 가지고 있는 지력을 확보하고 미생물의 균형을 맞춘다면 우리 몸을 둘러싼 환경도 더 건강해질 수 있고, 그러면 우리의 건강과 생리에도 즉각적으로 긍정적인 효과를 발휘할 거라고 생각했습니다."

이러한 생각을 곡성군 농민회 총회에서 주변 농민들과 나누었고, 그렇게 해서 만든 조직이 탄소정의농사위원회다. 김현인 농민을 주축으로 모인 농민들은 2021년부터 최소 경운 이앙기를 이용해 시범적으로 무경운 벼농사를 시도하고 있다.

기존 논농사에서는 가을이나 초봄에 쟁기질을 하고, 트랙터로 경운한 다음 모내기를 하기 전에 경운과 써래질써레로 논바닥을 고르거나 흙덩이를 잘게 부수는 일을 한다. 일반적으로 모내기를 하기 위해 두세 번 기계를 사용하는데, 직전 해에 풀이 많이 났을 경우는 횟수를 늘린다. 하지만 최소 경운 이앙기를 사용하면 이러한 작업을 하지 않고 바로 모내기를 할 수 있다.

지난 2년 동안 무경운 벼농사를 경험하면서 김현인 농민이 내

최소 경운 이앙기를 사용해 모내기를 하는 모습.

린 결론은 무경운으로도 벼농사가 충분히 가능하고, 누구나 시도할 수 있다는 것이다. 일반적인 농법에 비해 수확량이 떨어지지 않고, 풀도 많이 나지 않았다. 물론 생소한 농법이기 때문에 생계가 우선인 일반 농민이 무작정 시도하기는 어렵겠지만, 이런 부분은 정부에서 방책을 마련해 준다면 전환할 수 있지 않을까 생각한다.

하지만 아직은 완벽하지 않다. 식량과학원에서 개발한 최소 경운 이앙기는 산파모종자를 흩뿌려 키운 모만 가능해 활착이 늦어, 초기 발육이 늦다. 무엇보다 모를 심는 부분과 경운하는 부분이 60~70센티미터 정도 차이 나는 기계적 문제가 발생한다. 이앙기가 반듯이 앞으로 가면서 뚫어 놓은 구멍에 모를 심어야 하는데, 우리나라 논 특성상 그게 잘 안 된다. 이런 문제를 개선하기 위해 김현인 농민은 포트모포트에 심어 키운 모를 사용할 수 있고, 모가 심어지는 부분만 땅을 정확히 절개할 수 있도록 시중에 나온 이앙기에 부착하는 장치를 개발하려고 한다. 2023년에는 밭에서 사용하는 양파정식기로 이앙을 시도하기도 했다. 그는 농민들이 무경운 농법을 거부감 없이 받아들일 수 있도록 다양한 시도를 하고 있다.

벼농사, 온실가스의 주범?

김현인 농민의 이야기는 벼농사에서 발생하는 메탄가스에 대한 문제의식으로 이어졌다. 대표적인 온실가스인 메탄은 이산화탄소와 비교했을 때 약 80배의 온실효과를 낸다고 알려져 있다. 문제는 이러한 메탄이 농업 부문에서 특히 많이 배출된다며, 벼농사마저 '기후 위기의 주범'으로 몰리고 있다는 것이다. 이에 대한 감축 대책으로 정부는 논물 관리를 이야기하고 있으나, 현장의 농민은 답답함과 억울함을 호소한다.

"최소 경운 관련 연구를 하기 위해 운영하는 현장 실증 농가가 김제와 고창에 있어서 제가 추수하기 전에 현장 평가하고 있는 시험포에 직접 가 보았어요. 현장 평가에서 어떤 박사님이 농민들한테 논에서 메탄이 나오니까 논물을 관리해야 한다고 말하니까 '농민들은 지금까지 FTA든 CPTPP든 너희 하자는 대로 다 내주었는데, 이제 그것까지 해야 하냐'며 바로 욕이 튀어나오더라구요. 최근 우리나라가 국제 메탄 협약에 가입하면서 논에서 나오는 메탄을 이슈로 만들고 있지만 사실 도시의 매립지나 산업 부문에서도 메탄이 많이 나오잖아요. 그런 이야기는 전혀 하지 않고 벼농사에서만 줄이라고 하는 겁니다."

한국은 2022년 말, 국제메탄서약에 가입하며 2030년까지 국내 메탄 배출량을 2018년 대비 30퍼센트 감축하겠다는 목표를 세웠다. 우리나라 메탄 배출량은 전체의 온실가스 중에서 3.8퍼센트 정도로, 농축산 43.6퍼센트, 폐기물 30.8퍼센트, 에너지 22.5퍼센트 부문에서 주로 배출된다. 김현인 농민은 논에서 메탄이 발생하는 것은 벼 자체의 자연스러운 생리 현상의 일부이며, 감축해야 할 대상으로만 바라보아서는 안 된다고 이야기한다.

"논에서는 메탄이 땅속에 콜로이드 형태로 저장되기도 하고, 물에 녹아 있기도 하고, 기포 형태로 존재하기도 하는데, 벼가 뿌리 호흡을 해서 이를 90퍼센트 이상 흡수한 다음 방출해요. 농촌진흥청에서는 이건 그저 통로일 뿐이라고 하는데, 저는 이러한 벼 자체의 생리 현상이 발달하게 된 이유가 분명 있다고 생각합니다. 메탄을 흡수하기 위해 벼에 기공 조직이 발달한 이유가 분명 있겠지요. 벼에도 도움이 되니까 그렇게 진화했을 텐데, 정부가 그런 걸 연구해서 이유를 밝히고 메탄 감축에 대한 벼농사의 대응 논리를 만들어 주어야 합니다. 유럽 같은 서구에서는 논이 메탄 발생원이라고 주장하면서 벼농사를 압박하고 있잖아요. 그렇지만 그에 대한 우리의 논리적 저항이나 대응은 전혀 없는 상황입니다. IPCC에서 하는 말을 맹목적으로 추종할 뿐이지요. 대표적인 게 볏짚이 메탄의 주범이니 논에 넣는 볏짚을 제거해야 한다는 주장입니다. 논에서 나온 유기물을 논에 환원하는 것은 경축 순환의 일환으로 당연하게 해 오던 일이거든요. 그런데 자꾸 수치만 보고 논이 메탄의 원흉이니까 볏짚을 꺼내라는 것은 너무 일차적인 접근 방식입니다."

농민이 앞장서 기후 위기 대응책을 마련해야

김현인 농민은 벼농사만이라도 무경운으로 짓는다면 탄소 배출을 상당히 줄일 수 있을 것이라 기대한다. 경운을 하지 않으면 땅속에 탄소를 저장할 수 있을 뿐만 아니라 메탄 발생량도 크게 줄어든다. 일본의 한 연구는 무경운의 경우 표층에 볏집을 그대로 두는 것으로 메탄 발생량이 50퍼센트에서 80퍼센트 이상 감소한다는 결과를 보여 주고 있다.

이러한 효과가 있음에도 불구하고 정부 정책에서 무경운 부분은 배제되고 있다. 현재 정부가 시행하는 저탄소 농축산물 인증 사업이나 온실가스 감축 사업은 효과도 미미하고, 기준도 신뢰하기 어렵다. 이럴 때일수록 정부에만 맡겨 두지 말고 농민들이 적극적으로 네트워크를 만들어 정부보다 더 나은 탄소 중립 대책을 내놓아야 한다는 것이 김현인 농민의 생각이다.

"한국농업기술진흥원에서 '농업 농촌 자발적 온실가스 감축 사업'을 하고 있어요. 저탄소 기준에 맞추어 농가가 온실가스를 줄이면 정부가 인증하고 온실가스 감축 시 1톤당 1만 원의 보조금을 줍니다. 무경운의 경우 정부 기준으로 1헥타르에서 4.1톤의 탄소가 감축되니까 3000평에 4만1000원의 보조금을 지급하지요. 하지만 농민들보고 4만 원 줄 테니까 무경운 농법을 하라고 하면 정말 어림없는 이야기입니다. 이것마저 예산이 한계가 있어 신청해도 못 받는다고 하는데, 매우 한정적인 행정 체계를 운영하는 상황이지요.

지금은 농업 부문에서 탄소 중립 관련 대책을 세우는 과도기적 단계입니다. 잘못된 해결책이 정책으로 고착되기 전에 농민들이 나서서 문제를 지적하고 결과물로 증빙하는 작업이 필요할 듯해요. 우리끼리는 그런 이야기도 해 보았습니다. 유기농, 친환경, 저탄소 인증하는 정부 기관이 다 따로 있는데, 농민들이 자체적으로 인증 기관을 만들면 어떨까 하고요. 농민들이 기준을 세우고 기술적인 것은 취합해서 체계를 만드는 겁니다."

우리 사회에서 농민은 늘 지원이 필요한 수동적 존재로 여겨지지만 이처럼 직접 대안을 만들고자 시도하는 이들도 있다. 지금까지 연구자와 관료 중심으로 만들어진 정책들은 대부분 현장에서 끊임 없는 문제를 일으켜 왔다. 지금이야말로 각지의 농민들이 연대하여 본인의 경험을 나누고, 그로부터 대안과 정책을 만들어야 할 때가 아닐까? 김현인 농민이 현장에서 어떤 생동감 넘치는 대안을 만들어 낼지 기대가 된다.

글
금창영

사진
김현인
이아롬

기후 위기와 농사,

무엇이 문제인가

2부.

대담

기후 위기 앞에 무덤덤한 농민, 농업 현장은 늘 위기였다

8개월간 전국 각지의 여러 농민을 만나 나눈 이야기를 종합해 어떤 의미를 이끌어 낼 수 있을까. 긴 시간 농업에 관심을 갖고 연구·취재해 온 이들과 함께 이번 인터뷰 작업의 의미와 시사점을 검토했다. 2023년 2월 1일, 인터뷰 작업단과 강마야 박사충남연구원, 김선아 기자한국농어민신문, 김현우 소장탈성장과대안연구소이 함께 나눈 이야기를 정리했다.

이다예 열일곱 분의 인터뷰 내용을 미리 보내드렸는데, 보면서 전반적으로 어떤 느낌이 들었나요?

강마야 저는 의외로 농민들이 기후 위기 때문에 경험하는 어려움을 담담하게 이야기해서 놀랐어요. 연구자나 언론은 농민들이 엄청난 피해를 보고 있다고 심각하게 이야기하잖아요. 그런데 실제로 농민들은 담담하게 받아들이고 있다는 사실을 알게 되었습니다.

김선아 왜 담담할까 생각해 보면, 농민은 적응하는 사람이기 때문인 것 같아요. 농민들은 늘 변화에 적응하고 위기가 닥쳤을 때 받아들일 수밖에 없는 입장입니다. 기후변화도 해결해야 할 과제나 위기로 보는 게 아니라 농사짓는 과정에서 늘 겪어 온 어려움 중 하나로 인식하는 것 같아요. 그래서 '이렇게 되었으니 농사를 짓지 못하겠다'가 아니라, '이렇게 되었으니 이제 어떻게 해야 하지'라고 생각하는 게 아닐까요.

강마야 농민들의 이야기 중 근본적인 해결책을 이야기하는 것 자체가 무의미하다거나, 이제 아무도 농사 안 지을 거다, 포기하는 심정이라는 말이 있었잖아요. 내 자식도 농사 안 지을 거니까 농사는 내 세대에서 끝날 일이라고 생각하는 게 가슴이 아팠어요.

김현우 요즘 난방비 폭탄 이야기를 많이 합니다. 생각해보면 농민들은 늘 예기치 못한 폭탄을 맞으며 살아가는 처지였던 것 같습니다. 농가 부채도 그렇고, 대부분 늘 지뢰를 품고 사는 데 익숙한 실정이지요. 삶의 기반이 굉장히 취약하다 보니, 해법과 관련해서도 답이 없다고 쉽게 단념하는 것 같아요. 사실 사회 모든 분야가 답이 없어요. 그중 농업이 최일선에 있다고 볼 수 있고요. 하지만 농업에서 답을 찾지 못한다면 다른 사회 분야에서도 답을 찾지 못할 거라고 봅니다.

김선아 친환경 농업을 하는 분들이 기후에 더 민감하게 반응한다는 사실도 보면서 느꼈습니다. 관행 농업은 기후에 따라 농약을 더 친다든가, 비료를 더 주는 방식으로 해결할 수 있지만, 친환경 농가는 그렇게 하기가 어렵기 때문이겠지요.

강마야 친환경 농가의 마음이 더 출렁거리고, 더 포기하고 싶은 마음이 들 것 같아요. 겉으로는 단단해 보이지만, 속은 문드러졌겠구나 싶습니다. 친환경 농업을 한다는 자긍심 때문에 약 한번 치고 싶어도 못 치는 것이 현실이니까요.

금창영 저는 인터뷰를 하면서 농민들이 농사 중 어떤 부분이 기후와 관련되어 있는지 정리가 잘 안되어 있다고 느꼈습니다. 농민 대부분이 기후 이야기를 하면 피상적인 환경문제, 쓰레기 태우는 일 같은 걸 먼저 떠올립니다. 또 꽃이 빨리 피거나 벌들이 죽거나 하는 부분이 기후와 관련되어 있겠지, 생각하는 것 같습니다. 기후변화라는 현상과 대안에 관련해 체계적인 내용을 접하기 힘들다 보니, 단순히 농사지으면서 체험하는 낯선 날씨 패턴 정도로만 이해하는 것이 아닐까요.

김선아 사실 기후 위기와 관련해 농민들에게 대책이라 할 만한 것이 재해보험뿐이잖아요. 그런데 재해보험이 그 역할을 제대로 하지 못하고 있다는 게 큰 문제 같습니다. 과일 4종과 벼만 보험 가입률이 50퍼센트 넘고, 나머지는 가입률이 낮아요. 가입했어도 막상 재해가 닥치면 보상이 안되는 상황도 빈번하고요. 농민이 기대하는 수준만큼 보험 설계가 안되어 있는데, 제대로 작동하기 위해서는 재해보험의 문제점을 정책적으로 세밀하게 살펴보는 작업이 필요한 듯합니다.

김현우 농민들이 농업 정책 전반에 대한 신뢰나 효능감을 거의 느끼지 못하고 있어요. 농업 부문의 변화는 불확실하고 시간이 걸린다는 것이 정책을 설계할 때 중요하게 보아야 할 점입니다. 제조업과는 분명히 다르지요. 기후변화가 원인이 되는 재난은 점점 더 심각해질 게 뻔한데, 그 피해를 보험으로 커버하겠다는 것은 말이 안 됩니다. 저는 정책이 인증이나 보험 같은 것이 아니라 급여를 보장하는 방향으로 가야 한다고 생각해요. 그건 기본 소득일 수도 있고, 직불금 강화일 수도 있겠지요. 생활 기반을 보장하면서 젊은 사람을 농촌에 끌어들이는 작업을 병행해야 합니다. 농업은 결국 생태계잖아요. 땅과 농민, 공동체의 자발적 활동에 시간이 걸린다는 전제로 국가가 이런 방향으로 가자는 신호를 준다면 "내가 10년 농사짓다 늙으면 농사 끝난다"라는 이야기는 덜 나오지 않을까요?

농업에서 먹을거리로 이어지는 확장된 운동과 정치적 기획의 필요성

이다예 각자의 자리에서 '기후 위기와 농업'이라는 주제에 관해 가지고 있던 생각이나 주변 농민들을 만나면서 느낀 점이 있을 겁니다. 농민들의 이야기에서 특별히 주목했거나, 인상 깊었던 대목이 있었다면 말씀해 주세요.

강마야 인터뷰를 읽으면서 세 가지 정도 시사점을 정리해 보았습니다. 첫째, 농민들은 무엇이 문제이고 원인인지 알고 있습니다. 그런데 왜 실행이 되지 않을까? 결국 경제적 문제, 즉 비용과 소득 때문이지요. 이 문제를 푸는 일은 매우 고도의 정치적 영역입니다. 정치란 대화와 설득과 타협을 통해 문제를 해결해 나가는 과정인데, 과연 그 키를 누가 잡을지가 관건이라고 봅니다.

둘째, 악순환 구조의 반복입니다. 생산량을 높여야 생산비라도 확보할 수 있는 구조에서 기후와 환경이 계속 나빠지고 있습니다. 예를 들면 기후 위기로 한파와 무더위, 장마가 더 자주 오니까 노지가 아닌 시설로 옮겨 가고, 그러면 더 많은 에너지를 소비하게 됩니다. 생산성과 환경문제는 반비례해요. 특히 우리나라는 적정 소득을 올리기 위해 좁은 경지에서 생산성을 극대화하는 농사를 짓고 있잖아요.

셋째, 농민들은 정부도 행정도 연구 기관도 믿지 못합니다. 공공 영역을 신뢰하지 않고 있어요. 신뢰가 거의 무너져 내렸다는 생각이 듭니다. 오죽하면 농민들이 직접 인증 기관을 만들자는 이야기를 하겠습니까. 연구자로서 충격을 좀 받았습니다. 그래서 이제는 농민이 문제점만 이야기하지 말고 대안을 내놓고 실행에 옮기는 주체로 적극적으로 나서자는 목소리가 나오는 것 같아요. 우리 스스로 해 보자는 꿈틀거림이 느껴졌습니다.

김선아 사실 이게 농민이 책임질 문제인가 싶어요. 기후 위기를 이야기하기 전에 이미 농민의 삶이 너무 힘든 상황이잖아요. 농민들에게 가장 현실적인 어려움은 농산물 가격의 폭락과 등락입니다. 기후 위기 때문에 가격이 오르락내리락하면 소득이 불안정해지고 결국 농사의 지속 가능성까지 위협받게 되지요. 이 어려움을 해결하려면, 이에 대한 사회적 공감대와 그에 따른 정치적 힘을 키워야 합니다. 농민들이 이런 어려움을 겪고 있고, 이것이 농업의 지속 가능성을 훼손하고, 모두가 농사를 그만두었을 때 우리 사회는 지속할 수 없다는 공감대가 있어야 농민 수당이든 뭐든 정책적 수단을 강구할 텐데, 지금 우리 사회는 이 공감대가 무너진 게 가장 큰 문제라고 봅니다.

금창영 농가 소득 보전에 관해서는 오랫동안 이야기해 왔습니다. 올해 농림부 예산이 17조 정도 되고, 상당 부분이 농가에 흘러갈 텐데도 농민들이 힘들어하는 건 격차의 문제라고 봅니다. 고소득 농가와 저소득 농가 간의 격차가 내부적 갈등의 주요한 근거가 되고 있어요. 또 하나는 농민들이 겉으로는 지원이 필요하다고 이야기하는데, 깊이 있게 들여다보면 의외로 지원 받는 일에 상당한 문제의식을 느끼고 있습니다. 적정 가격만 보장된다면, 굳이 이런 지원 시스템의 도움을 받고 싶어 하지 않습니다. 그래서 만약 저탄소 농업을 하는 사람들을 지원해 주는 시스템을 만든다고 그게 제대로 작동할지 의문이 듭니다. 좀 더 진전된 형태는 없을까, 고민이 되지요.

김현우 저는 곽현정 농민의 인터뷰에 공감되는 부분이 많았어요. '경작 본능을 어떻게 정의로운 전환과 연결할 수 있을까' 같은 질문, 기후 위기와 농업의 문제를 풀기 위해서는 농민운동에 한정하지 않고 더 큰 의제에 농민의 문제를 담아야 한다는 말이 인상적이었어요. 농업운동·농사운동·먹을거리운동을 농부-소비자, 농촌-도시를 아우르는 모두의 운동으로 바라보자는 것이죠. 기존 농민단체만 모인 테이블이 아니라 농업과 먹을거리를 염려하고 공감하는 사람들이 함께 기후 위기 시대의 농사운동을 모색해 보면 어떨까요? 11년 전 두물머리 투쟁 때처럼 '발전 말고 밭전', '공사 말고 농사' 같은 내용의 새로운 운동을 만들 수 있지 않을까요.

당사자인 농민이 주체가 되어 대안을 만들기 위해 모여야

이다예 인터뷰에서 많은 농민이 정부의 농업 부문 탄소 중립 대책의 실효성과 적절성에 관해 이야기했습니다. 정부의 탄소 중립 정책은 어떻게 생각하시나요?

김선아 정부는 탄소 중립 정책의 일환으로 스마트 팜을 이야기하는데, 스마트 팜을 바라보는 농민들의 온도 차가 매우 큽니다. 자본이 많이 들어가는 농업이라고 생각해서 농민과 스마트 팜의 연결점이 제대로 생기지 않고 있어요. 재배 가능한 품종도 대여섯 종 정도로 제한

되어 있어 해당 과채류 가격이 떨어지는데 스마트 팜이 과연 지속 가능할지 의문도 생기고요. 한편 작은 규모의 스마트 팜, 적정 기술과 적정 시설은 필요하다고 보는 이들도 있습니다. 지금은 스마트 팜에 대한 막연한 저항감과 장밋빛 전망이 공존하는 것 같아요. 정부는 스마트 팜 플랜트 수출에 관심이 쏠려 있고요.

김현우 농민들은 정부가 내놓은 탄소 중립 농법 가이드 자체를 잘 모르는 것 같아요. "논에서 메탄이 나와?"라고 묻기도 하고요. 사실 정부의 농업 부문 탄소 중립 정책은 없는 거나 마찬가지입니다. 10년 전에 했던 것과 별로 다르지 않은데, 이름에 탄소와 스마트를 붙인 것에 불과하죠. 위에서 문서를 만들라고 하니까 만든 것뿐입니다. 그래서 농민들도 진지하게 받아들이지 않고요. 30년 뒤 우리 농촌과 농업이 어떻게 가야 한다는 청사진을 제시하는 정책이 전혀 아닙니다.

금창영 농림부의 탄소 중립 방안은 의지를 느끼기 어렵습니다. 현장에서 느끼는 후속 사업은 고작 스마트 팜 지원 정도지요. 농촌 환경 보전 프로그램을 확대하겠다고 했지만 최근 사업이 진척되지 않고 있습니다. 정부가

의지도 없고 즉흥적인 정책만 내놓고 있는데, 이것을 비판하는 게 과연 어떤 의미가 있을지 의문이 들어요.

강마야 농식품부 시행 지침에 탄소 중립 카테고리에 속하는 건 딱 세 가지입니다. 자발적 온실가스 감축 사업 예산 13억 원, 저탄소 농축산물 인증제 12억 원, 그리고 저탄소 벼 논물 관리 기술 시범 사업에 32억 원 예산이 잡혀 있어요. 다 합쳐도 유리온실 하나 만드는 비용이 안되지요. 이 정도 예산으로는 생색내기밖에 안 됩니다.

김선아 농어촌 에너지 전환 정책도 속도를 내지 못하고 있습니다. 농촌에서는 대부분 등유를 사용하고, 전기가 아니면 아무것도 할 수 없잖아요. 이걸 어떻게 바이오에너지나 태양광과 연결할지 그림이 나와야 하는데, 오히려 난개발과 태양광 패널 문제만 부각되면서 사회적 갈등이 깊어지고 있어요. 농촌의 에너지 정책은 빼놓고 영농 방식을 바꾸면 탄소 배출이 줄어들 것처럼 이야기되는 것이 문제입니다.

김현우 농업만 따로 떼어 놓고 생각하면 안 됩니다. 국내 농업 생산이 늘어나서 설령 배출량이 조금 늘더라도, 식량 자급률을 높이는 게 사회적으로는 더 좋을 수 있어요.

금창영 농민들이 대안을 논의하는 당사자가 되어 서로 정보를 공유하고 네트워크를 만드는 일은 우리에게 시사하는 바가 크다고 생각합니다. 과수 농가에서 아미노산 제제로 냉해 피해를 줄인 경험을 서로 나눈 것이 그런 사례가 되겠지요. 지역·작목·영농조합 단위 등 어떤 형태로든 농민들이 모여서 어떻게 주체로 설 수 있을까 논의하는 것이 중요한 부분이라고 봅니다.

강마야 곡성의 김현인 농민의 사례가 이상적인 형태일 것 같아요. 그런 농민들의 자주적인 모임이 초반에는 잘 진행될 수 있지만, 나중에는 소비자도 이런 인식에 동참해야 한다는 점에서 고민이 생길 듯합니다.

금창영 농림부를 계속 비판하는 것으로는 문제가 개선될 여지가 별로 없을 듯해요. 지금 가장 나은 방법은 농민들이 모여서 이러한 문제를 개선하기 위해 우리가 합의할 수 있는 대안은 뭘까 이야기를 시작하는 거라고 봅니다. 김정열 농민이 말한 농생태학이나 박일진 농민의 가축 사육 두수 감축에 관한 이야기가 그러한 사례라고 할 수 있겠지요.

강마야 농민들은 소비자의 입맛에 맞추려고 농산물 등급 기준이나 품위 기준에 부합하는 크고 색깔 좋은 농산물을 생산해 왔습니다. 물론 소비자의 문제도 있지만, 우리가 그런 행위를 했다는 농민들의 자기 성찰 과정을 통해 소비자를 이해시키는 작업이 필요할 것 같아요. 소비자도 농산물이 이런 과정을 거쳐 나왔다는 걸 인식해야 하고요. 마블링이 많은 게 좋은 고기인 줄 알았는데, 알고 보니 좁은 축사에서 움직임을 최소화하고 수입산 사료를 열심히 먹여 키운 소였다는 사실을 알아야 하는 것이지요. 생산자뿐만이 아니라, 소비자, 활동가, 언론인, 전문가까지 아우르는 논의의 장이 확장되어야 할 것 같아요. 농산물이 어떻게 재배되는지 우리가 모르고 있다는 것에서부터 논의를 시작해야 한다고 봅니다.

금창영 그러한 맥락에서 김정열 농민이 "기후 위기를 고민한다면 농업에 관심을 기울일 수밖에 없고, 기후 운동가들이 역할을 할 수 있을 거다, 기후 운동이 농업의 중요한 문제가 주목받고 해결되는 계기가 될 수 있을 거다"라는 말을 했는데, 대단한 탁견이라고 생각해요.

김현우 저는 떠드는 것만으로는 이제 성에 안 차요. 대한민국농업대전, 귀농귀촌농업박람회에 맞서서 같은 장소에서 '예쁜 농산물 작살내기' 퍼포먼스, 대안 포럼 같은 걸 시도해 보면 어떨까, 상상해 보았습니다. 다들 각자의 고민과 입장이 있는데, 서로 부딪히고 토론하고 수정하는 기회가 될 공론장이 필요하다는 생각을 많이 합니다. 10년 전과 달리 생협 조합원 조직, 꾸러미 받는 사람들이 늘어났잖아요. 이 사람들을 어떻게 활용할 수 있을지 고민해야 해요. 앞으로 2050년까지 농민운동의 새로운 세대를 시작해 보자는 이야기를 해 볼 수 있지 않을까요.

발 딛고 있는 현장에서 다양한 대안이 나오게 하려면

이다예 농업 부문은 기후변화에 많은 영향을 받지만, 이에 어떻게 적응하고 대응할지 농민들도 명확한 방법을 찾지 못한 것 같아요. 농민들이 주체가 되어 기후 위기 시대의 대안을 만들어 가려면 어떻게 해야 할까요?

김선아 적응하는 과정에서 농민 스스로 변화하고, 어떤 곳에서는 대안을 만들고 있는 것 같아요. 냉해를 방지하기 위해 안개 분무를 하는 과수 농가나 곡성의 김현인 농민, 상주의 김정열 농민이 그러한 사례입니다. 눈에 잘 띄지 않지만 그런 대안을 만드는 사례에 주목할 필요가 있어요. 이번 인터뷰 작업이 그런 역할을 한 것 같고요. 자기가 발 딛고 서 있는 현장에서 변화를 만드는 사람들을 찾아 발굴하는 것부터 시작해야 할 듯합니다.

강마야 세 가지를 말씀드리고 싶어요. 첫째, 보조 사업 거부 운동을 하면 어떨까요? 환경에 저해되는 사업을 농민들이 거부해 정부에 충격을 주는 것이지요. 둘째, 협업이 중요할 것 같습니다. 이런 책을 출간한 뒤 전문가, 공공 기관, 언론이 협업해서 시민들에게 알리는 작업이 잘 이루어지면 좋겠어요. 셋째, 기후 위기와 농민의 건강 문제에 주목해야 합니다. 산재보험, 고용보험, 연금 등 사회보장 제도의 혜택에서 농민들은 대부분 벗어나 있어요. 국가가 만드는 과학적 데이터에도 농민들은 누락되어 있고요. 농민이 기후 위기 때문에 피해를 받고 있어도 증명할 데이터가 없습니다.

김현우 저는 12명의 농민의원이 필요하다고 봅니다. 농민 220만 명이면 국민의 4.3퍼센트인데, 지금 국회에는 농민 출신 의원이 전무해요. 농민운동이 12명의 국회의원 배출을 목표로 움직이면 어떨까요. 요즘 제가 화두로 삼는 키워드가 '내러티브narrative'입니다. '공사 말고 농사'라는 구호 말고도 '12명의 농민의원 중 두 명 이상을 청년 농민으로 하고, 탄소 중립과 식량 자급률을 확보하기 위해 2040년까지 농가인구를 400만으로 늘리겠다'라는 이야기를 이 과정에서 할 수 있지 않을까요.

금창영 어떤 제도를 만들어 일률적으로 적용하는 건 아니라는 생각이 듭니다. 편차가 있는 다양한 대안이 논의되어야 할 것 같습니다. 오늘 긴 시간 동안 귀한 의견 나누어 주셔서 감사합니다.

정책 진단

2050 농식품 탄소 중립 추진 전략의 한계와 문제점

김형수 공익법률센터 농본 정책팀장

농업 부문 온실가스 배출 항목과 배출량

우리나라는 다른 나라와 마찬가지로 농작물 재배경종 부문와 가축 사육축산 부문으로 나누어 온실가스 배출량을 집계한다. 경종 부문에서는 논에 투입된 유기물이 산소와 차단된 채 분해될 때 발생하는 메탄과 농경지에 화학비료와 가축 분뇨를 투입할 때 발생하는 아산화질소를 집계한다. 축산 부문에서는 가축의 소화기관에서 발생하는 메탄과 분뇨를 퇴액비화 또는 정화 처리할 때 발생하는 메탄과 아산화질소를 집계한다.

1990년 기준 농업 부문 온실가스 배출량은 국가 전체 배출량의 7.1퍼센트를 차지했다. 2020년에는 배출량이 증가했으나, 비중이 감소해 국가 전체 배출량의 3.2퍼센트를 차지했다. 가축 사육 두수가 증가하면서 장내 발효, 가축 분뇨 처리 부문 배출량이 늘었다. 당연히 농경지에 투입되는 분뇨 또한 늘어 농경지 토양 부문의 배출량도 늘었다. 다만, 논 면적이 감소하면서 벼 재배 부문 배출량은 1990년 대비 약 44퍼센트 감소했다.◆

◆ 농업 부문 온실가스 배출량은 국가 전체 배출량에 비하면 큰 비중을 차지하지 않지만, 식량의 해외 의존도가 높아 국외에서 배출된다는 점도 감안해야 한다. 이외 농업 에너지 사용, 비료 생산, 토지 이용 변화(농경지 조성·전용·유지)는 농업 부문으로 집계되지 않는다.

〈2050 농식품 탄소 중립 추진 전략〉 중 감축 수단별 감축 목표량

단위: 1000톤CO2eq(이산화탄소 환산량), 퍼센트

구분	감축 수단	2030 감축량	2030 비중	2050 감축량	2050 비중
논물 관리	중간 물떼기	474	8.1	474	5.7
	논물 얕게 대기	66	1.1	66	0.8
농경지	질소비료 감축	267	4.6	268	3.3
	바이오차 보급	58	1.0	65	0.8
	투입 분뇨량 저감	1,683	28.7	1,936	23.5
장내 발효	저메탄 사료 보급	121	2.1	402	4.9
	분뇨 내 질소 감축 (저단백 사료)	630	10.8	673	8.2
가축 분뇨	비농업계 이동 (에너지화, 분뇨 바이오차)	2,058	35.1	2,355	28.6
생산성 향상	가축 감소	–	–	995	12.1
	축산 생산성 향상	389	6.6	579	7.0
	대체 식품(대체육 등)	63	1.1	200	2.4
에너지	고효율 에너지 설비	14	0.2	41	0.5
	농기계 전기화	35	0.6	190	2.3
감축량 총계		5,858	100	8,243	100

자료출처_2050 전략 로드맵 (비중은 목표 연도별 농업 전체 감축량 대비 비중)

온실가스 감축의 핵심, 가축 분뇨

농림축산식품부는 농업 부문 온실가스 감축 목표와 계획을 담은 〈2050 농식품 탄소 중립 추진 전략〉을 지난 2021년 12월 발표했다이하 2050 전략. 이 계획에서 정부는 농축산 분야 온실가스 배출량을 2050년까지 배출 전망치2358만1000톤CO₂eq 대비 8243만1000톤CO₂eq 감축하겠다는 로드맵을 제시했다왼쪽 표 참고. 이 전략에 제시된 핵심 감축 수단은 가축 분뇨 처리다. 2030년까지 온실가스 감축 목표량 중 28.7퍼센트는 농경지 투입 분뇨량 저감이며, 35.1퍼센트는 가축 분뇨의 비농업계 이동이다.◆ 발생된 분뇨를 완효성 퇴비로 만들어 농경지에 투입하면 온실가스 배출이 가장 적다. 하지만 국내 대부분의 농경지에서 질소와 인산 집적량이 작물의 양분 요구량을 초과했다.◆◆ 양분을 초과

◆
이외에 축산 부문 장내 발효 감축 방법으로 저메탄 사료(첨가제 또는 보충제) 개발 계획이 있다. 저메탄 사료는 메탄을 생성하는 효소 작용을 억제하는 특정 물질(대개 해조류에 있는 아스파라고프시스 탁시포르미스 같은 물질)로 만든 사료다. 이 방법의 경우 사료 비용 상승 등 농가에 미치는 영향 같은 사회경제적 영향과 대량생산 체계가 생태계에 미치는 환경적 영향 평가가 필요하다.

◆◆
환경부·농림축산식품부, '양분총량제 도입방안 연구', 농촌경제연구원, 2015

하지 않으려면 농경지 면적을 늘려야 하겠지만, 우리나라 농경지는 각종 개발 등으로 계속 감소하고 있다.◆

정부의 계획상 가축 분뇨의 에너지화바이오가 핵심 감축 수단이다. 환경성을 우선한다면 바이오정화를 선택해야 한다.◆◆ 다만, 경제성에 따른 실현 가능성을 고려하면 바이오액비화가 우선될 가능성이 높다. 단기적 실현 가능성을 위해 환경성을 포기할 수 있다는 난점이 있다. 따라서 분뇨 처리 방식보다 중요한 건 분뇨 발생량 자체를 줄이는 것, 즉 가축 사육 두수 조정이 필요하다.

유럽회계감사원은 유럽 공동 농업 정책에 따른 재정 지출이 농업 부문 온실가스 배출을 줄이는지 조사한 바 있다.◆◆◆ 보고서는 사육 두수를 줄이도록 유인하지 못하는 재정 투입이 축산 부문 온실가스 배출을 줄이지 못한다고 지적한다. 우리나라 정부는 앞으로 국내 가축 사육 두수가 늘어날 것으로 전망하고 있다. 분뇨 에너지화 시설은 지역 내 입지 수용성이 매우 낮다.

◆
구체적인 감소 사유에 관해서는 통계청의 연도별 경지 면적 조사 참고.

◆◆
에너지화(바이오)는 처리 과정에서 발생하는 가스로 열이나 전력 등 에너지를 생산하는 것, 정화는 분뇨를 침전·분해하는 등 생물리학적으로 처리해 배출하는 것을 의미한다.

◆◆◆
ECA, 'Common Agricultural Policy and climate: Half of EU climate spending but farm emissions are not decreasing', ECA spcial report, 16/2021

따라서 생산 조정에 따른 소득 감소를 보완하는 방향으로 정책을 펼치지 않는다면, 정부의 2050 전략은 사실상 큰 효과를 거두기 어려울 것으로 보인다.

한편 2022년 12월 8일 일정 규모 이상의 축산 농가가 가축 분뇨로 바이오 가스를 의무적으로 생산하도록 규정한 '유기성 폐자원을 활용한 바이오 가스의 생산 및 이용 촉진법'이 제정되었다. 이 법은 2026년부터 민간에 적용된다. 개별 농가가 과연 이 변화에 적응할 수 있을지, 특히 양돈·양계 농가의 경우 대부분 대기업의 위탁 생산을 하는 상황에서 농가에만 책임이 가중되는 것은 아닌지 이후 상황을 주목해 볼 필요가 있다.

논의 '자동 물꼬', 현장과 동떨어진 기술 중심의 해법

경종 부문의 다수 배출원인 논농사의 경우 논에 물을 댈 때 나오는 메탄을 줄이는 것이 관건이다. 이에 정부는 논에 물을 빼는 일수를 늘리는 중간 물떼기와 논물 얕게 대기를 적용하는 면적을 늘리려고 한다. 다만, 현재에도 2주 가까이 또는 그 이상 물을 빼는 논 면적이 78퍼센트가 넘어 감축 잠재량은 많지 않다. 그럼에도 정부는 자동 수위 조절 장치인 '자동 물꼬'를 개발하고 설치하는 감축 방안을 제시한다.

'자동 물꼬'가 제대로 기능하려면 농수로에 항상 물이 차 있어야 한다. 논물 얕게 대기가 효과를 보려면 물을 댄 논의 경사 차이가 거의 없어야 한다. 보급형 '자동 물꼬'는 80만 원 수준이지만, 이를 적용하기 위한 물관리 인프라가 대대적으로 바뀌어야 한다. 설치비에 더해 통신비가 발생한다. 농민들은 물꼬를 제어할 수 있는 스마트 기기에 익숙해져야 한다. 관련 비용이 얼마나 들지 공식적으로 추산된 바는 없다. 감축 잠재량이 많지 않은데, 대규모 인프라 전환과 기술 개발 비용을 투입하는 일이 현장 농민들에게 과연 설득력을 얻을 수 있을지 의문이다.

검증의 칼을 겨눈 친환경 농업 인증제, 투자비 굴레를 씌우는 에너지 효율화

정부는 공익 직불제로 직불금 체계를 개편하면서 화학비료 적정 사용을 의무화했다. 2050 전략에서는 농경지에서 화학비료 사용을 줄이기 위해 토양 검정 시비 처방에 따라 비료 구입을 유도하겠다는 계획도 제시했다. 근본적으로는 농약과 화학비료 사용을 줄이는 친환경 농업으로 전환해야 한다. 이 때문에 정부는 친환경 농지를 2020년 5.2퍼센트에서 2030년 30퍼센트로 확대하겠다는 계획이지만, 친환경 인증 면적은 2016년 8만 헥타르에서 2020년 8만2000헥타르로 소폭 증가했을 뿐이다. 사실상 정체 상태다. 정체 상태에 빠진 기존 친환경 농업을 확대할 방안을 점검하지 않고 목표만 제시했을 뿐이다.

현행 친환경 인증제는 소비자의 안전을 명분으로 농자재 투입에 따른 위험 물질 잔류 여부를 점검하는 성분 검증 중심의 체계다. 현장에서는 관행농과 친환경 농업이 이웃하고 있고, 최근 드론을 통한 항공방제가 확대되어 친환경 농지에서 농약이 검출되는 사례가 늘고 있다. 현행 체계는 친환경 농민들에게 엄청난 부담이다. 특히 농업 소득이 십수 년째 평균 1000만 원 언저리에 머무는 상황에서 친환경 농업으로 전환하는 중에 생산이 줄거나 의도하지 않게 인증이 취소되어 소득이 감소할 수 있다. 이런 전환 부담을 농민들이 감수하기는 어렵다.

정부는 친환경 인증 농가나 GAP농산물 우수 관리 제도 인증 농가 중 재생에너지 또는 에너지 저감 시설 설치, 토양 탄소 흡수량을 높이는 무경운·녹비작물 재배를 실천하고 온실가스 배출을 줄였을 경우 저탄소농축산물인증을 부여한다. 이 경우 인증 절차비를 지원할 뿐이다. 감축 결과에 따라 온실가스 저감 톤

CO_2eq당 1만 원을 주는 자발적 온실가스 감축 사업도 있다. 하지만 두 정책 모두 전환 과정에서 소득이 줄거나 노동 강도가 높아지는 등의 변화를 감수할 수 있도록 진입을 돕는 방식이 아니다. 전자는 농민이 아니라 인증 기관을 지원하는 방식이고, 후자는 결과를 검증하는 방식으로 지원 수준도 매우 낮다.

특히 시설 재배 농가의 경우 재생에너지를 설치하거나 에너지 절감 시설을 도입해야 화석연료 소비를 줄일 수 있는데, 투자비가 농민들이 감당하기 어려운 수준이다. 히트펌프 설치 지원 사업이 있는데, 자부담 100퍼센트로 기준 3025평당 10억 원의 투자비가 든다.◆ 다겹 보온 커튼 설치 등 에너지 절감 시설의 경우 2021년 기준 예산 집행률이 70퍼센트에 불과하다. 자부담 등 비용 문제로 수용도는 낮고, 확산 속도는 너무 늦다. 난방비 절감, 최적의 영농 자재 투입을 꾀하는 시설 재배 농가의 스마트 팜 전환 또한 상황이 비슷하다.◆◆

◆ 박현태·김연중, '농업 부문의 청정에너지 이용실태와 과제', 한국농촌경제연구원, 2010

◆◆ 시설 재배의 핵심은 연중 생산으로, 생산의 회전율을 높여 소득을 높이는 것이다. 그만큼 에너지 소비량이 많다. 스마트 팜 기술 수준과 적용 면적 비율이 높은 네덜란드의 경우 농업 부문 에너지 소비에 따른 온실가스 배출은 우리나라의 두 배 이상이다(2019년 기준, 각국 온실가스 인벤토리). 스마트 팜의 확대로 에너지 투입 대비 생산량이 많을수록 생산 규모를 확대해 전체 에너지 소비가 늘어나는 역설이 발생한다.

농민 없는 디지털 전환

정부는 현재의 고투입·집약적 농업 구조를 저탄소 구조로 전환하기 위해 디지털 기반의 정밀 농업으로 구조를 전환할 필요가 있다고 제시한다. 토양·생육·양분 투입 정보를 측정 센서 등으로 수집하고 최소한의 농자재만 투입해 생산성을 극대화한다는 뜻이다. 이를 위해 품목별 영농 작업 데이터, 생육 데이터 등을 수집할 체계를 갖추고, 최적의 영농 활동 솔루션을 제공할 인공 지능 등의 개발을 지원하겠다고 밝혔다. 구체적으로는 데이터를 수집할 수 있는 디지털 인프라의 확대와 시설 자동화, 첨단 기계 장비 개발이 핵심 과제로 제시되고 있다. 특히 첨단 기계 장비 개발은 고령화된 농업 인력을 대체할 것이라 말한다.

농작물 생산 정보는 농민들의 영농 활동으로 생성된다. 그러나 디지털 전환에서 기술 개발이나 인프라 설치, 자동화와 정보 활용에 관한 논의는 있어도 수집된 정보의 소유와 통제권이 누구에게 있는지, 농민의 경험과 지식의 가치와 역할은 무엇인지에 관해서는 논의가 이루어지지 않고 있다. 디지털 전환은 농민이 새로운 기후 환경에 적응하고, 자율적이고 주도적인 영농 활동을 하도록 지원하는 방식이 아니라 데이터를 수집·가공·활용하는 농업 플랫폼 기업을 지원하는 성격이 짙다.❖❖❖

기술주의 해법을 넘어 농민이 주도해 도출한 해법으로

정부의 전략을 훑어 보면, 저탄소 농업으로 전환하는 과정에서 농민 당사자의 목소리를 듣기 어렵다. 농사를 짓는 것은 농민이고 현재 부과되는 각종 기술과 정책을 실현할 핵심 당사자도 농민이다. 전환 국면에서 실제 현장의 농민이 어떤 어려움을 겪고 있는지, 현장에서 적용할 수 있는 대책인지, 전환을 위해 농민들에게 필요한 것은 무엇인지는 충분히 수렴했을까? 각종 기술적 해법만 나열된 정부 전략을 보면 관료와 전문가 중심의 계획 수립이 아니었나 의심하게 된다. 어쩌면 지금 가장 필요한 것은 현장에 발 딛고 있는 농민의 이야기를 듣는 일 아닐까.

❖❖❖
농업 디지털 전환의 가능성과 한계에 대해서는 이명헌, '독일의 농업 디지털화 논의와 시사점', 〈농정연구〉 83호, 농정연구센터, 2022 참고.

나가는 글

그들은 거기에 살고 있다

기후 위기와 농업이라는 큰 주제 아래 일단 '농민들을 만나 보자'라는 취지의 작업을 마무리하려 한다. 돌이켜 보면 이 작업은 단순한 의문에서 출발했다. 기후 위기와 관련한 설문 조사를 보면 90퍼센트 이상의 국민이 지금이 기후 위기 상황이라는 사실에 동의한다. 신기한 일이다. 기상관측 이래 최초나 최고라는 말이 난무해도, 일상에 크게 영향을 끼친다고 생각하기 어려운 현실이다. 재난은 우리에게 익숙한 단어가 되었다.

더 신기한 것은 그렇게 위기라고 이야기하면서도 일상의 변화는 별로 느낄 수 없다는 것이다. 기후활동가가 눈에 자주 띄고, 석탄 발전소가 폐쇄되면서 정의로운 전환과 관련된 이야기가 나오지만 어떤 지표도 우리 사회가 현재 닥친 위기에서 벗어나기 위해 노력하고 있다고 느끼기는 어렵다. 소위 전문가라는 이들의 말에서도 절박함이 느껴지지 않는다. 정말 식량 위기가 올 것이라고 믿는다면 그렇게 떠들기만 할 것이 아니라 시골에 와서 직접 농사를 지어야 하지 않겠는가?

문제는 정부에서 발표하는 여러 탄소 중립 대책이다. 낯선 용어와 수치로 가득한 문서 어느 곳에서도 정작 당사자인 농민의 목소리는 찾을 수 없다. 농민은 그저 이러한 대책을 수행해야 할 대상이며, 그 대가로 인센티브를 받는 존재일 뿐이다. 분노가 일었다. 이러한 문제 제기에 녹색연합이 손을 내밀어 주었고, 짧지 않은 기간에 다양한 농민을 만날 수 있었다.

/ 망초꽃이 피었다 /

망초는 겨울을 나는 대표적인 잡초다. 혹자는 작고 앙증맞은 꽃을 보고 '계란꽃'이라 부른다. 원래 망초는 7~8월에 꽃을 피우는데, 이 망초가 11월 말에 꽃을 피웠다. 이를 본 순간 나는 의아함보다는 두려움을 느꼈다. 망초는 절대 11월에 꽃을 피우면 안 된다. 식물이 꽃을 피운다는 것은 자신의 모든 에너지를 번식에 쏟는 것이니 오랜 숙고 끝에 나온 결과다. 속된 말로 망초가 '제정신이 아닌' 것이다. 자연의 순리를 따라야 하는 농부의 입장에서는 절대적인 기준이 흔들리는 것이다.

문제는 지금부터다. 주변 사람들은 '요즘 세상에 망초가 11월에 꽃을 피웠다고 무슨 문제가 될까?'라는 반응을 보인다. 가을에 개나리꽃이 피고, 벚꽃 피는 시기가 한 달씩 앞당겨져도 나와는 상관없는 일이다. 매년 겨울이면 찾아오는 가축 전염병도 나와는 별개의 일이다. 과연 우리는 이렇게 살아도 되는 것일까?

/ 천형 /

종종 대한민국에서 농민으로 산다는 것은 '천형'이라는 생각이 든다. 여기에 실린 농민 인터뷰는 기후 위기와 관련한 내용을 중심으로 대폭 줄인 것이다. 당연히 인터뷰 내용의 대부분은 기본적으로 농사를 짓는다는 이유만으로 느끼는 어려움에 관한 것이었다. 그러한 이야기를 한두 시간씩 듣는다는 것은 같은 농부임에도 상당한 인내가 필요한 일이다. 하지만 이런 문제들이 어찌 이러한 몇 사람의 인터뷰 작업으로 해결의 실마리를 풀 수 있겠는가?

노령화, 농가 소득, 기후 위기, 지방 소멸, 농지 문제, 농촌 복지 등 시골에서 농사짓는 일은 이런 총체적 문제를 안고 있다. 어떤 문제든 알아갈수록 미궁에 빠지는 느낌이고, 어느 것 하나 쉽게 해결될 수 없다는 것을 우리도 잘 알고 있다. 그래서일까? 우리 예상과 달리 일상적인 위기 상황에서도 농민들은 잘 적응하고 있었다. 각자에게 농사는 생존과 직결된 문제니, 두 손 모으고 기다릴 수 없는 상황인 것이다. 이것이 우리가 느낀 첫 번째 사실이다. 다만 농민 대부분이 지금까지 쌓아 온 경험에서 나온 농사의 지혜가 더 이상 통용되지 않는다는 데서 느낀 당혹스러움을 토로할 때 안타까웠다.

나누지 않는다

농촌은 일반인이 생각하는 것보다 훨씬 개별화·파편화되어 있다. 공동 작업은 거의 존재하지 않고, 각자의 농지에서 일할 뿐 일상적으로 교류하지 않는다. 하지만 기후 위기는 전 지구적 문제가 아닌가? 당연히 개별적인 노력도 중요하지만, 서로 경험을 공유하고, 서로에게 힘이 되는 방식, 즉 공동의 문제 인식에서 출발해 대안을 합의해 나가는 과정이 기본이다. 그런데 우리가 만나 본 농민 대부분은 본인이 느끼는 기후 위기와 관련한 내용을 주변과 나누지 않고 있다. 이것이 우리가 발견한 두 번째 사실이다. 그렇다면 어째서 농민들은 개별적으로 겪는 어려움을 나누지 않는 것일까?

우선 모든 사람이 마찬가지겠지만, 농민들도 기후 위기의 피해자이면서 가해자라는 양면성이 있기 때문일 것이다. 문제 해결의 시작은 그 문제를 만든 이의 고백이다. 현대 농업은 분명 기후 위기에 일조한 산업이다. 비록 특정 산업처럼 엄청난 공해를 유발하지 않고, 생존을 위해 어쩔 수 없는 선택이었으며, 결과적으로 엄청난 부를 얻지 못했음에도 농민들은 기후 위기 시대에 이 사실을 자각한 것이다. 그러면서 억울함과 속상함이 생겨난다. 자기들은 상대적으로 환경을 생각하고, 자연과 더불어 살고자 노력했지만 그런 노력의 보람도 없이 가해자로 몰릴 수 있다는 두려움이 있는 것이다.

단편적으로 현재의 수확량을 유지하기 위한 노력은 하지만 장기적으로 지구 온도를 유지하거나 낮추기 위한 노력을 생각하면 엄두가 나지 않는다. 기후 위기와 관련한 논의는 변화된 현실에 적응하는 것에서부터 지금 닥친 문제를 개선하는 것까지 포함해야 한다고 생각한다. 석탄 발전은 공식적으로 폐쇄 절차에 들어가는 것으로 문제를 해결한다. 자동차산업은 내연기관에서 전기 자동차로 방향을 바꾸고 있다. 하지만 농업은 이렇게 일사불란한 움직임이 불가능한 구조다. 국가의 먹을거리를 생산한다는 목표 아래 100만 농가가 각기 다른 조건에서 자기 역할을 다하고 있다. 그 차이가 천양지차이니 각각의 사정을 고려하면서 대안을 만드는 일은 애초에 불가능하다. 그러니 농민들은 차라리 누군가 대책을 만들어 주어야 한다고 말하는 것이다.

그 연장선상에서 많은 농민은 농림부의 탄소 중립 방안을 모른다. 원래 정부를 믿지 못하고, 정부 역시 신뢰를 얻지 못하고 있다. 본인들이 이야기한 것도 일상적으로 지키지 않는 정부이니 관심 자체가 없다. 마지막으로 추측해 볼 수 있는 원인은 농민들에게 그런 경험이 없기 때문이다. 농민은 지금까지 구분되고, 평가되고, 판단되었으며, 정책과 제도가 수행되는 대상이지만 그것을 만들거나 개선하는 일에 참여하지 못하는 존재였다.

/ 적절한 정책을 만들어 봅시다! /

지금까지 제도나 정책을 만드는 데 중요한 것은 합리적이고, 객관적이며, 검증 가능해야 한다는 점이었다. 그리고 성과를 얻기 위해 기준에 합당한 이에게는 인센티브를 주는 것은 당연하게 여겨졌다. 지금까지 농업·농촌과 관련한 정책은 대부분 이런 기준에 맞추어 만들어졌다.

기후 위기 시대에 적합한 농업을 권장하는 새로운 정책을 만들기 위해서는 우선 두 가지 용어를 정의해야 한다. 하나는 사용하는 농사법에 관한 것이다. 만약 친환경 농업이라고 한다면 기존 인증 제도를 손보아야 하고, 아주 새로운 개념을 들여올 수도 있다. 새로운 개념으로는 재생농업이나 보존농업, 농생태학, 퍼머컬처 등을 거론할 수 있겠다.

다른 하나는 어떤 농민인가에 관한 것이다. 보통은 소농이나 가족농을 상상한다. 소농은 사람들에게 영농 규모로 인식된다. 하지만 규모가 적다는 것이 에너지 소비가 적고, 온실가스 배출이 적다는 의미는 아니다. 그래서 '기후 농부'나 '지구 농부'라는 새로운 개념을 만들어야 할 수도 있다.

그림이 대략 그려지면 대학 연구 팀이나 한국농촌경제연구원에 연구 용역을 준다. 이제부터 본격적인 작업에 들어간다. 해당 정책을 만드는 이와 연구를 진행하는 이는 그야말로 농업·농촌을 사랑하는 마음에서 밤을 밝혀 연구할 것이다.

당연히 심포지움과 세미나가 이어지고, 시범 사업도 진행된다. 그렇게 제도가 만들어지면 인증을 해야 한다. 인증 심사 기관을 선정하고, 인증 심사원 교육을 하고, 얼마씩 지원할지도 정한다. 혹 부정 수급자가 생길 수 있으니 그것을 방지하기 위한 제도도 만들어야 한다.

하지만 이런 인증에는 심각한 문제가 있다. 우리는 지금까지 행위에 대해서만 인증을 했다. 속효성 비료 대신 완효성 비료를 사용하거나, 목록에 고시된 친환경 약제를 사용하거나, 제초제 대신 우렁이를 사용하는 것이 확인되면 인증을 주는 식이었다. 그래야 인증할 수 있다. 그런데 이제는 '무언가를 하지 않는 것'에 인증을 주어야 한다. 그렇지 않은가? 기후 위기 시대이니 당연히 자재를 덜 쓰거나 안 쓰는 농법과 농가에 지원해야 한다. 경운도 안 하고, 비닐도 안 쓰고, 씨앗도 안 사고, 우렁이도 안 쓰고, 농기계도 안 쓰고, 비료도 안 쓰고, 농약도 안 쓰는 농가. 그럼 어떻게 확인하고 그런 농가에 인증을 주어야 하는가?

지금까지 뛰어난 연구자들이 수십 년간 농민을 사랑하는 마음에서 정교하고 합리적인 제도를 만들었다. 거기에 농업과 농촌을 살린다는 명분 아래 존재하는 정부·공공 기관이 스무 곳이고, 11만6000명이 근무한다. 지역 농협까지 합하면 20만 명이 넘는다. 지방자치단체, 지역 농축협, 품목 농축협 등이 4804곳이다. 이 수치는 교육 기관과 연구 기관을 제외한 것이다.* 이렇게 모두 정열적으로 농업·농민·농촌을 사랑하는 마음에서 합리적인 제도를 만들었는데, 왜 좋아지지 않을까? 우리에게 아직도 획기적이고, 특별하며, 이 문제를 해결할 좋은 제도가 있다고 생각하는가? 어쩌면 진정한 대안은 우리에게 낯선 어떤 것일지도 모른다.

그래서 대안이 무엇인가?

사람들과 기후 위기 시대 농업과 관련한 이야기를 나누다 보면 마지막에는 대부분 "그래서 대안이 무엇인가?"라는 질문에 이른다. 물론 떠오르는 생각은 있다. 하지만 섣불리 말하지 않는다. 간혹 관심·공감·연대라는 단어가 떠오르기도 한다. 분명 필요한 말이지만 너무 익숙하지 않은가? 여기에서는 평소 나의 생각과 인터뷰 과정에서 나온 이야기로 몇 가지 염두에 두어야 할 내용을 정리해 보겠다.

◆ 강마야, '농업·농촌 위해 존재한다는 조직·인력·예산, 꼼꼼히 들여다봐야', 〈농정춘추〉, 2022. 3. 6 참고.

첫 번째로 농민이 대안을 만드는 주체가 되어야 한다. 이 첫 번째 원칙이 가장 중요하고 우선되어야 한다. 지금 우리가 어떤 농사를 지을 것인가와 관련한 해답은 사실 너무도 간단하고 쉽다. 탄소를 배출하지 않는 농사를 지으면 된다. 탄소를 배출하지 않는 농사는 어떻게 하는 것일까? 장담컨대 이것은 모든 농민이 알고 있다. 일시에 문제를 해결할 수 없고, 완벽하지도 않겠지만 상관없다.

농민들이 대안을 만드는 과정에서 우리는 무엇보다 그들의 존재를 있는 그대로 인정해야 한다. 무언가 협동해 일을 도모해서 실패한 경험이 더 많고, 민주적 의사 결정에 익숙하지 않고, 논리적으로 사람을 설득하는 방법도 잘 모르며, 남자들은 가부장적인 경우가 많다. 별로 살갑지도 않으며, 좋은 감정도 잘 드러내지 않는다. 원래 그러했든, 아니면 그렇게 변했든 그런 사람들이다. 가능하지도 않은 학습과 교육을 강제해 변화시키고, 역량을 강화하자고 하지 말자. 별로 논리적이지도 않고, 합리적이지도 않고, 더구나 과학적인 근거도 없을 것이 확실하지만 그들이 이야기하는 대안을 듣고 정리하는 것에서 출발해야 한다.

두 번째로 농민 각자의 특수성이 충분히 보장되는 대안이어야 한다. 정부에서 만드는 모든 제도가 그렇지만 농업 부문도 '형평성'의 원칙이라는 이름으로 모든 지역에 일률적으로 적용된다. 현장에서 아무리 문제가 드러나도 개별의 특수성은 인정하지 않는다. 그래야 검증하기가 쉽기 때문이다. 하지만 영농 상황은 농가마다 다르고, 마을마다 다르다. 그러니 농민들은 정부의 제도를 농민을 위한 것이 아니라 담당 공무원의 실적을 위한 것이며, 강압적이고 폭력적이라 인식한다. 이제 농민이 만드는 대안은 농가마다 다르고 마을마다 달라야 한다. 그것이 현실을 제대로 반영하는 것이다.

세 번째는 먹을거리 시스템 전체를 살펴야 한다. 언젠가부터 농업에서 자재 중심, 단작화, 시설 중심, 가공이 늘어나는 모습을 보면서 농업 부문에서 전체 온실가스의 3퍼센트밖에 배출하지 않는다고 말하는 것은 문제가 있다고 생각했다. 외국에서는 전체 먹을거리 시스템에서 나오는 온실가스가 적게는 24퍼센트에서 37퍼센트라고 말한다. 하지만 우리나라는 그런 자료가 없다. 시간과 비용이 많이 드는 작업이라 그럴 수도 있고, 굳이 힘들여 조사한다 해도 나쁜 결과가 나올 테니 안 하는 것일 수도 있다. 하지만 이러한 방식이야말로 대중의 상식이다. 3퍼센트는 IPCC의 기준일 뿐이다. 이대로라면 스마트 팜에서 전기를 사용하고 농사짓는 것이 가장 좋은 방법이다. 시설과 관련한 온실가스와 전기 생산 과정에서 나오는 온실가스는 농업 부문으로 계산하지 않는 IPCC의 기준 때문이다. 당사자들이 납득할 수 있는 대안을 만들어야 하며, 합의하고 책임지는 것이 올바른 방법이다. 국제 기준이 농민들에게도 해당하는 기준일 수는 없다.

네 번째는 판단의 기준이 지금까지와는 달라야 한다. 지금까지의 '합리'는 인간의 관점이었다. 대부분이 받아들일 수 있는 합리적 기준을 제도로 만든 것이다. 하지만 그 결과가 우리가 맞닥뜨린 전지구적 위기다. 그렇다면 이제부터는 사람만이 아니라 지구적 관점에서 합리적인 기준을 마련해야 한다. 지구를 구성하는 모든 것이 계속해서 존재하고 번성하려면 어떤 제도를 만들어야 할지 생각해야 하는 것이다.

다섯 번째는 이러한 노력이 연대를 위한 준비 과정이어야 한다. 농민들이 대안을 고민하기 시작하면 당연히 기후 운동가와 연대가 시작될 것이고, 도시민과의 광범위한 연대로 이어질 것이다. 이 과정에서 가장 중요한 것은 이러한 연대가 농민을 지원한다고 인식되어서는 안 된다. 농민은 지지받아야 하는 존재이지 지원의 대상이고 소비자가 도와주지 않으면 생활을 영위할 수 없는 존재가 아니다. 농민이 지원의 대상이라는 인식은 은연중에 지원의 대가로 안정적으로 먹을거리를 생산해야 하는 존재로 만든다. 이러한 인식은 한발 더 나아가 농촌을 사람 사는 곳이 아니라 식량을 생산하는 곳으로 만들어 버린다. 많은 농민은 지원 이전에 '존재'로 인정받고 싶어 하고, 자신의 노동에 대한 정당한 대가를 받고자 한다.

마지막으로 기후 위기를 극복한 아름다운 지구를 상상했으면 좋겠다. 농부는 논밭에서 따뜻한 햇살, 불어오는 바람, 피어나는 꽃, 새소리를 접한다. 그리고 그 자연과 일상의 아름다움을 매일 느끼는 삶을 사는 존재다. 위기 상황일수록 서로를 깊이 이해하고 지지하며 아름다운 미래를 노래할 수 있기를 바란다.

금창영 농민, 충남 홍성군

모두를 살리는 농사를 생각한다
17인의 농민이 말하는 기후위기 시대의 농사

글　녹색연합

1판 1쇄 펴낸날　2023년 10월 25일
1판 2쇄 펴낸날　2024년 6월 5일

펴낸이　전은정
펴낸곳　목수책방
출판신고　제25100-2013-000021호

대표전화　070.8151.4255
팩시밀리　0303.3440.7277
이메일　moonlittree@naver.com
블로그　post.naver.com/moonlittree
페이스북　moksubooks
인스타그램　moksubooks
스마트스토어　smartstore.naver.com/moksubooks

디자인　studio fttg
제작　야진북스

Copyright ⓒ 2023 녹색연합과 목수책방의 독점 계약에 의해 출간되었으므로 이 책에 실린 내용의 무단 전재와 무단 복제, 광전자 매체 수록을 금합니다.

ISBN 979-11-88806-49-2 (03300)
가격 17,000원

이 도서는 한국출판문화산업진흥원의 '2023년 중소출판사 출판콘텐츠 창작 지원 사업'의 일환으로 국민체육진흥기금을 지원받아 제작되었습니다.